高职高专教育"十二五"规划教材

市场营销实训

主　编　曾　艳　袁　敏

副主编　彭其利　周　瑜　肖映红

中国水利水电出版社
www.waterpub.com.cn

内 容 提 要

本书共包括九个市场营销实训基本单元,单元一为营销认识,单元二为掌握市场研究方法,单元三为分析市场营销环境,单元四为制定目标市场营销战略,单元五为规划产品和品牌,单元六为制定价格策略,单元七为选择渠道策略,单元八为制定促销策略,单元九为市场营销组织与控制。

本书内容按照课业目标、课业要求、理论指导、课业任务、操作指导、课业范例、课业评价等进行内容编排,很好地体现了以就业为导向、让学生获得直接上岗能力的高职高专教学要求。

本书可作为高职高专市场营销专业实训教材,也可作为其他各类院校市场营销类、经管类专业的实训教材,同时还可用于营销从业人员与自学人员的学习培训用书。

本书配有电子教案,读者可以从中国水利水电出版社网站和万水书苑免费下载,网址为:http://www.waterpub.com.cn/softdown/和 http://www.wsbookshow.com。

图书在版编目(CIP)数据

市场营销实训 / 曾艳,袁敏主编. -- 北京 : 中国水利水电出版社, 2013.7
 高职高专教育"十二五"规划教材
 ISBN 978-7-5170-0931-3

Ⅰ. ①市… Ⅱ. ①曾… ②袁… Ⅲ. ①市场营销学-高等职业教育-教材 Ⅳ. ①F713.50

中国版本图书馆CIP数据核字(2013)第120211号

策划编辑:陈 洁 责任编辑:陈 洁 加工编辑:孙 丹 封面设计:李 佳

书　　名	高职高专教育"十二五"规划教材 **市场营销实训**
作　　者	主　编 曾 艳 袁 敏 副主编 彭其利 周 瑜 肖映红
出版发行	中国水利水电出版社 (北京市海淀区玉渊潭南路1号D座　100038) 网址:www.waterpub.com.cn E-mail:mchannel@263.net(万水) 　　　　sales@waterpub.com.cn 电话:(010)68367658(发行部)、82562819(万水)
经　　售	北京科水图书销售中心(零售) 电话:(010)88383994、63202643、68545874 全国各地新华书店和相关出版物销售网点
排　　版	北京万水电子信息有限公司
印　　刷	三河市铭浩彩色印装有限公司
规　　格	184mm×260mm　16开本　10.75印张　272千字
版　　次	2013年7月第1版　2013年7月第1次印刷
印　　数	0001—4000册
定　　价	22.00元

凡购买我社图书,如有缺页、倒页、脱页的,本社发行部负责调换

版权所有·侵权必究

前 言

　　《市场营销实训》是《市场营销》配套实训教材。市场营销学是技术性、应用性很强的一门学科，其教学不仅要向学生全面、系统地传授市场营销理论知识和基本方法，更要注意培养学生应用市场营销原理和方法去解决营销实践问题的能力，即实际操作能力。因此，通过探索建立市场营销实训教学模式，进行市场营销模拟实训教学是培养市场营销专业学生或学习市场营销学课程的经济管理类学生的创新精神和实践能力的重要途径。

　　市场营销实训，就是以深化市场营销理论知识、培养学生职业能力和综合素质为目标，以一定的营销环境和营销案例为模拟对象，运用营销理论进行实验、实训，通过营销认识、市场调研、环境分析、战略制定、营销组合策划等市场营销实务的演练，使学生对营销工作建立直观、系统的认识，树立正确的营销思想和观念，掌握分析营销活动实际问题的主要思路和解决问题的方法、手段的一种教学活动或实践教学方法。我们根据多年的教学经验，结合高职高专教育的实际编写了本教材。本教材旨在提供一本以就业为导向，突出"应用型"人才培养的课程教学模式，创建"以学生为主体、注重实践"的课程教学方法，创建以"能力评价"为内容的课程评价体系，体现实践教学的创新价值和意义。

　　1．本教材的定位

　　本教材针对的目标读者主要是各类高职高专院校、成人高等学校及高等院校主办的二级技术学院的营销专业、经管类专业学生，也可供企业管理人员、从事市场营销工作的人员自学参考使用。本教材确立的价值定位是：以能力为本位，以就业为导向，突出应用型人才培养的教学模式，课程体系紧凑合理，便于师生的教与学，体现实践教学的创新价值。

　　2．本教材的特点

　　（1）确立以就业为导向、让学生获得直接上岗能力的课业教学目标。本教材注重学生职业能力的全面培养，突出营销岗位技能培养，使学生获得课程目标岗位－企业营销的直接上岗能力。"让学生获得直接上岗能力"的课程目标凸显了高职教育的本质要求，学生毕业后可直接就业上岗，而无须"二次培训"。

　　（2）强化了"能力本位"的课程教学内容安排。通过课业目标→课业要求→理论指导→课业任务→操作指导→课业范例→课业评价，采用"课业"作为实践载体，设计和组织了大小共22项课业训练项目，使学生在知识和技术的实践运用中，掌握营销岗位所需的"市场营销调研"、"市场开发分析"、"营销组合策划"等技能。

　　（3）强调以学生为主体，注重实践的训练方法。本教材探索了课业任务→教师指导→学生操作→点评考核的"四步训练法"，即强调学生根据课业项目及其要求，投入营销实践解决实际问题，自己动手操作完成课业任务。

　　（4）以课业评估考核代替试卷考试，把学生完成的所有课业及其表现作为课程评价依据。课业评价采用对学生进行知识、技能、素质全面考核的"综合性评价"，采用对课程每一教学单元学生所完成的每份课业和表现进行考核的"过程性评价"，采用课业评价由教师、学生、社会相结合的"多元主体评价"。

3．本教材的编写

本教材是由长期工作在第一线、具有丰富教学经验的老师编写的，具有很强的实用性。本书大纲由重庆工程职业技术学院营销与策划专业副教授曾艳拟定，重庆工程职业技术学院曾艳、重庆市工业学校袁敏担任主编，重庆市工业学校彭其利、重庆工程职业技术学院周瑜、肖映红担任副主编。参与本书编写的还有重庆市工业学校、重庆工程职业技术学院、重庆城市管理职业学院的专家教授和专业骨干教师。具体分工如下：单元三和单元四由重庆工程职业技术学院曾艳编写；单元七和单元八的课业 16～18 由袁敏编写；单元八的课业 19 和单元九由彭其利编写；单元五和单元六由周瑜编写；单元一和单元二由肖映红编写。全书最后由曾艳统稿并校对。参加编写的还有重庆市工业学校胡曰瀚，重庆工程职业技术学院李建华、吴兰、曾天地、梁萍、汤晓燕、郑轶、程琳，重庆城市管理职业学院谢晋等，他们主要负责资料的收集、加工和整理，为本书的资源建设做了很多有益的工作。同时中国水利水电出版社万水分社的有关同志对本书的出版给予了大力支持。在本书编写过程中，我们参阅了大量国内外营销学者的研究成果，除注明出版的部分外，限于体例，未能一一说明，谨向这些著作者以及为本书出版付出辛勤劳动的同志深表感谢！

由于作者的水平有限，书中疏漏与不妥之处在所难免，敬请有关专家和读者批评指正。

编 者

2013 年 5 月

目 录

前言

单元一 营销认识 ··· 1
  单元任务 ··· 1
  单元意义 ··· 1
  课时安排（2课时）····································· 1
  课业1 营销重要性认识 ······························ 2
    课业目标 ··· 2
    理论指导 ··· 2
    课业任务 ··· 4
    操作指导 ··· 5
    课业范例 ··· 5
    课业评价 ··· 6

单元二 掌握市场研究方法 ··························· 7
  单元任务 ··· 7
  单元意义 ··· 7
  课时安排（6课时）····································· 8
  课业2 "营销调查计划"制定 ······················· 8
    课业目标 ··· 8
    理论指导 ··· 8
    课业任务 ··· 9
    操作指导 ·· 10
    课业范例 ·· 12
    课业评价 ·· 13
  课业3 "调查问卷"设计 ···························· 14
    课业目标 ·· 14
    理论指导 ·· 14
    课业任务 ·· 15
    操作指导 ·· 15
    课业范例 ·· 17
    课业评价 ·· 19
  课业4 《市场营销调研报告》撰写 ··············· 19
    课业目标 ·· 19
    理论指导 ·· 20
    课业任务 ·· 20
    操作指导 ·· 20
    课业范例 ·· 22
    课业评价 ·· 29

单元三 分析市场营销环境 ························· 30
  单元任务 ·· 30
  单元意义 ·· 30
  课时安排（6课时）··································· 30
  课业5 战略环境分析—SWOT分析法训练 ··· 31
    课业目标 ·· 31
    理论指导 ·· 31
    课业任务 ·· 33
    操作指导 ·· 33
    课业范例 ·· 34
    课业评价 ·· 35
  课业6 投资战略分析—波士顿矩阵法
        分析训练 ·································· 35
    课业目标 ·· 35
    理论指导 ·· 35
    课业任务 ·· 37
    操作指导 ·· 38
    课业范例 ·· 38
    课业评价 ·· 39

单元四 制定目标市场营销战略 ·················· 41
  单元任务 ·· 41
  单元意义 ·· 41
  课时安排（6课时）··································· 42
  课业7 "市场细分表"设计与分析 ··············· 42
    课业目标 ·· 42
    理论指导 ·· 42
    课业任务 ·· 43
    操作指导 ·· 44
    课业范例 ·· 45
    课业评价 ·· 46

课业 8 "市场定位图"设计与分析 …… 47
　　课业目标 …… 47
　　理论指导 …… 47
　　课业任务 …… 48
　　操作指导 …… 49
　　课业范例 …… 51
　　课业评价 …… 53
　课业 9 "市场开发分析报告"撰写 …… 53
　　课业目标 …… 53
　　理论指导 …… 53
　　课业任务 …… 55
　　操作指导 …… 55
　　课业范例 …… 58
　　课业评价 …… 69

单元五　规划产品和品牌 …… 71
　单元任务 …… 71
　单元意义 …… 71
　课时安排（6课时） …… 71
　课业 10　新产品开发策略 …… 72
　　课业目标 …… 72
　　理论指导 …… 72
　　课业任务 …… 73
　　操作指导 …… 76
　　课业范例 …… 76
　　课业评价 …… 78
　课业 11　"品牌名称、标志"设计 …… 78
　　课业目标 …… 78
　　理论指导 …… 79
　　课业任务 …… 80
　　操作指导 …… 80
　　课业范例 …… 82
　　课业评价 …… 83

单元六　制定价格策略 …… 84
　单元任务 …… 84
　单元意义 …… 84
　课时安排（6课时） …… 85
　课业 12　"价格计划方案"设计 …… 85
　　课业目标 …… 85
　　理论指导 …… 85

　　课业任务 …… 87
　　操作指导 …… 88
　　课业范例 …… 90
　　课业评价 …… 92
　课业 13　"调价方案"制定 …… 93
　　课业目标 …… 93
　　理论指导 …… 93
　　课业任务 …… 94
　　操作指导 …… 95
　　课业范例 …… 96
　　课业评价 …… 97

单元七　选择渠道策略 …… 98
　单元任务 …… 98
　单元意义 …… 98
　课时安排（4课时） …… 98
　课业 14　"分销计划方案"设计 …… 99
　　课业目标 …… 99
　　理论指导 …… 99
　　课业任务 …… 100
　　操作指导 …… 100
　　课业范例 …… 102
　　课业评价 …… 105
　课业 15　销售渠道的选择与管理 …… 105
　　课业目标 …… 105
　　理论指导 …… 105
　　课业任务 …… 106
　　操作指导 …… 107
　　课业范例 …… 108
　　课业评价 …… 111

单元八　制定促销策略 …… 112
　单元任务 …… 112
　单元意义 …… 112
　课时安排（8课时） …… 113
　课业 16　制定"推销方案" …… 113
　　课业目标 …… 113
　　理论指导 …… 113
　　课业任务 …… 113
　　操作指导 …… 114
　　课业范例 …… 116

课业评价 ·················· 120
课业 17　选择广告媒体组合与设计广告文案· 120
　　课业目标 ·················· 120
　　理论指导 ·················· 120
　　课业任务 ·················· 121
　　操作指导 ·················· 121
　　课业范例 ·················· 122
　　课业评价 ·················· 123
课业 18　制定公共关系方案 ·········· 123
　　课业目标 ·················· 123
　　理论指导 ·················· 124
　　课业任务 ·················· 125
　　操作指导 ·················· 125
　　课业范例 ·················· 126
　　课业评价 ·················· 128
课业 19　制定销售促进方案 ·········· 128
　　课业目标 ·················· 128
　　理论指导 ·················· 128
　　课业任务 ·················· 129
　　操作指导 ·················· 129
　　课业范例 ·················· 132
　　课业评价 ·················· 134
单元九　市场营销组织与控制 ·········· 135
　　单元任务 ·················· 135
　　单元意义 ·················· 135

　　课时安排（6课时） ············· 136
课业 20　《产品营销计划报告》撰写 ······ 136
　　课业目标 ·················· 136
　　理论指导 ·················· 136
　　课业任务 ·················· 138
　　操作指导 ·················· 138
　　课业范例 ·················· 142
　　课业评价 ·················· 147
课业 21　市场营销预算 ············ 148
　　课业目标 ·················· 148
　　理论指导 ·················· 148
　　课业任务 ·················· 149
　　操作指导 ·················· 150
　　课业范例 1 ················· 151
　　课业范例 2 ················· 151
　　课业评价 ·················· 153
课业 22　市场营销方案效果评估 ········ 153
　　课业目标 ·················· 153
　　理论指导 ·················· 153
　　课业任务 ·················· 155
　　操作指导 ·················· 155
　　课业范例 ·················· 156
　　课业评价 ·················· 161

参考文献 ···················· 162

单元一　营销认识

在市场经济逐步完善的今天，对于作为独立经济实体的企业和公司，如果没有专业的市场营销人才，以科学、诚信、现代化的营销手段来"做生意"，肯定无法在竞争激烈的市场中生存。

对市场营销的理解有两个层面：首先它是一种理念、一种态度、一种观点、一种管理方法，它将顾客满意度放在首位；其次，市场营销是一系列的活动，是对上述理念的实施。企业只有将以上两个层面紧密联系后，才能有效实施市场营销。

 单元任务

通过本单元的 1 项课业训练，更好地理解市场营销基本理论，较全面掌握市场营销的重要性，实现课程教学目标。

要求学生联系有关项目或资料，把所学市场营销含义及市场营销所涉及的核心概念运用于对营销概念的认识，在实践中掌握市场营销基本内涵。

要求学生把所学市场营销观念的"生产观念"、"产品观念"、"推销观念"、"市场营销观念"及"社会营销观念"的理论运用于对市场营销认识的分析，联系有关项目或资料，指出各种市场营销观念的特点，在实践运用中掌握各种市场营销观念的主导思想。

 **单元意义**

（一）帮助学生理解"市场营销基本概念"及"市场营销的重要性"

通过本单元课业训练，强化学生对市场营销的理解，使学生正确掌握市场营销的含义，了解市场营销所涉及的核心概念，掌握市场营销的重要性。

（二）帮助学生掌握分析"市场营销观念"的技能

通过本单元课业训练，使学生能够掌握分析各种市场营销观念的技能，能够根据背景材料，分析其所对应的市场营销观念及相应特征。

正确把握对营销的认识是培养学生营销意识及其技能的基础，对于学生后续课程的学习至关重要。

 课时安排（2课时）

本单元把树立现代营销观念作为课业理论指导，完成以下 1 项基本技能课业训练，达到本单元实践教学的目标。

课业 1：联系有关项目或资料，完成"市场营销的含义及重要性"与"市场营销观念"分析的基本技能课业（指导 1 课时，课堂讨论完成课业 1 课时）。

课业 1　营销重要性认识

课业目标

通过本课业训练，使学生能够掌握分析市场营销核心概念及市场营销观念的基本技能，能够根据有关市场营销的背景资料，指出资料中市场营销的具体实施方案并分析市场营销的重要性。同时，学生能够根据有关市场营销的背景资料正确分析各种市场营销观念。通过正确认识市场营销及各种市场营销观念，企业能够根据市场环境的变化，在激烈竞争的环境中采取正确的应对措施，有效提升企业竞争力。

理论指导

（一）市场营销的基本含义

市场营销是指个人或集体通过交易其创造的产品或价值，以获得所需之物，实现双赢或多赢的过程。它包含两种含义：一种是动词理解，指企业的具体活动或行为，这时称之为市场营销或市场经营；另一种是名词理解，指研究企业的市场营销活动或行为的学科，称之为市场营销学、营销学或市场学等。

（二）市场营销涉及的核心概念

1. 需要、欲望和需求

所谓需要，是指对某种东西感到缺失的一种心理状态。欲望是指人们想要得到某种东西来满足需要的愿望。与需要不同是，欲望具有明确的指向性和选择性。需求（demand）则是指市场需求。市场的有效需求是人们的欲望+购买力。

2. 产品

产品是能够用以满足人类某种需要或欲望的任何东西，它给消费者带来欲望的满足。产品实际上只是获得利益的载体。这种载体可以是物，也可以是"服务"，如人员、地点、活动、组织和观念等。

3. 效用

效用是消费者对产品满足自身需要的整体功能的评价。消费者通常根据这种对产品价值的主观评价和要支付的费用来作出购买决定。

4. 交换和交易

一个人可以通过四种方式获得自己所需要的产品：自行生产、强制取得、乞讨、交换。所谓交换，是指通过提供某种东西作为回报，从别人那里取得所需物品的行为。

（三）市场营销的主要内容

1. 市场分析。主要包括市场营销观念的树立、环境与市场分析、消费者需求研究和购买行为研究等。这部分内容是市场营销学的基础部份，研究企业所面临的市场营销环境。

2. 市场选择。主要包括市场调查与预测、市场细分、目标市场选择，是研究企业为保证市场营销活动的成功在调研、选择市场等方面采用的措施和方法。

3. 市场营销组合。主要包括产品（Product）策略、定价（Price）策略、渠道（Place）策略、促销（Promotion）策略四个方面的内容，简称"4P"。这部分内容是市场营销学的核心内容，构成了市场营销活动研究的四个重要方面。

（四）市场营销观念的演变与发展

1. 生产观念

生产观念是指导销售者行为的最古老的观念之一。这种观念产生于20世纪20年代前。企业经营哲学不是从消费者需求出发，而是从企业生产出发。其主要表现是"我生产什么，就卖什么"。生产观念认为，消费者喜欢那些可以随处买到而且价格低廉的产品，企业应致力于提高生产效率和分销效率，扩大生产，降低成本以扩展市场。

2. 产品观念

产品观念也是一种较早的企业经营观念。此观念认为，消费者最喜欢高质量、多功能和具有某些创新特色的产品。在产品导向型的组织里，经理总是致力于生产优质产品，并不断地改进产品，使之日臻完善。他们认为，买者欣赏精心制作的产品，能够鉴别产品的质量和功能，企业应致力于生产高值产品，并不断加以改进。它产生于市场产品供不应求的"卖方市场"形势下。

3. 推销观念

推销观念产生于20世纪20年代末至50年代前，是为许多企业所采用的另一种观念，表现为"我卖什么，顾客就买什么"。它认为，消费者通常表现出一种购买惰性或抗衡心理，如果听其自然的话，消费者一般不会足量购买某一企业的产品，因此，企业必须积极推销和大力促销，以刺激消费者大量购买本企业产品。

4. 市场营销观念

市场营销观念是作为对上述诸观念的挑战而出现的一种新型的企业经营哲学。这种观念是以满足顾客需求为出发点的，即"顾客需要什么，就生产什么"。尽管这种思想由来已久，但其核心原则直到50年代中期才基本定型。市场营销观念基于四个主要支柱：目标市场、顾客需要、整合营销和盈利能力。

5. 社会营销观念

社会市场营销观念产生于20世纪70年代西方资本主义出现能源短缺、通货膨胀、失业增加、环境污染严重、消费者保护运动盛行的新形势下。因为市场营销观念回避了消费者需要、消费者利益和长期社会福利之间隐含着冲突的现实。社会市场营销观念是对市场营销观念的修改和补充。这种观念认为，企业的任务是确定目标市场需求、欲求和利益，并且在保持和增进消费者和社会福利的情况下，比竞争者更有效率地使目标顾客满意。

6. 大市场营销观念

美国著名市场营销大师菲利普·科特勒，针对现代世界经济迈向区域化和全球化，企业之间的竞争范围早已超越本强本土，形成了无国界竞争的态势，提出了"大市场营销"观念。大市场营销观念以为，为了成功地进入特定市场，并在那里从事业务经营，在战略上协调使用经济的、心理的、政治的和公共关系等手段，以获得各有关方面如经销商、供应商、消费者、市场营销研究机构、有关政府人员、各利益集团及宣传媒介等合作及支持。大市场营销是对传统市场营销组合战略的不断发展。大市场营销包括文化营销、知识营销、绿色营销、体验营销、关系营销、定制营销、事件营销。

 **课业任务**

要求学生把市场营销含义及各种观念运用于营销实践，联系有关项目或资料，分析市场营销所涉及的核心概念，指出市场营销对于企业的重要性，并指出各种市场营销观念的特征及使用情况。

（一）工作任务1：根据市场营销案例分析市场营销所涉及的核心概念及市场营销的重要性。

1. 背景材料

宝洁公司的一次性尿布

宝洁公司（P&G）以其寻求和明确表达顾客潜在需求的优良传统，被誉为在面向市场方面做得最好的美国公司之一。其婴儿尿布的开发就是一个例子。1956年，该公司开发部主任维克·米尔斯在照看其出生不久的孙子时，深切感受到一篮篮脏尿布对家庭主妇的烦恼。洗尿布的责任给了他灵感。于是，米尔斯就让手下几个最有才华的人研究开发一次性尿布。

一次性尿布的想法并不新鲜。事实上，当时美国市场上已经有好几种牌子了。但市场调研显示：多年来这种尿布只占美国市场的1%。原因首先是价格太高；其次是父母们认为这种尿布不好用，只适合在旅行或不便于正常换尿布时使用。调研结果还表明，一次性尿布的市场潜力巨大。美国和世界许多国家正处于战后婴儿出生高峰期，将婴儿数量乘以每日平均需换尿布次数，可以得出一个大得惊人的潜在销量。

宝洁公司产品开发人员用了一年的时间，力图研制出一种既好用又对父母有吸引力的产品。产品的最初样品是在塑料裤衩里装上一块打了褶的吸水垫子。但1958年夏天现场试验结果，除了父母们的否定意见和婴儿身上的痱子以外，一无所获。于是又回到图纸阶段。

1959年3月，宝洁公司重新设计了它的一次性尿布，并在实验室生产了37000个，样子相似于现在的产品，拿到纽约州去做现场试验。这一次，有三分之二的试用者认为该产品胜过布尿布。行了！然而，接踵而来的问题是如何降低成本和提高新产品质量。为此要进行的工序革新，比产品本身的开发难度更大。一位工程师说它是"公司遇到的最复杂的工作"，生产方法和设备必须从头搞起。不过，到1961年12月，这个项目进入了能通过验收的生产工序和产品试销阶段。

公司选择地处美国最中部的城市皮奥里亚试销这个后来被定名为"娇娃"的产品。发现皮奥里亚的妈妈们喜欢用"娇娃"，但不喜欢10美分一片尿布的价格。因此，价格必须降下来。降多少呢？在6个地方进行的试销进一步表明，定价为6美分一片，就能使这类新产品畅销，使其销售量达到零售商的要求。宝洁公司的几位制造工程师找到了解决办法，用来进一步降低成本，并把生产能力提高到使公司能以该价格在全国销售娇娃尿布的水平。

娇娃尿布终于成功推出，直至今天仍然是宝洁公司的拳头产品之一。它表明，企业对市场真正需求的把握需要通过直接的市场调研来论证。通过潜在用户的反映来指导和改进新产品开发工作。企业各职能部门必须通力合作，不断进行产品试用和调整定价。最后，公司做成了一桩全赢的生意：一种减轻了每个做父母的最头疼的一件家务的产品，一个为宝洁公司带来收入和利润的重要新财源。

（资料来源：秩名.宝洁公司和一次性尿布.融资通网.http://www.rztong.com.cn.2008-10-29）

2. 实训内容

对本案例进行分析，思考讨论以下问题：

市场营销所涉及的核心概念包括哪些？本案例中的企业是如何实施的？

联系以上案例，分析说明市场营销对企业的重要性。

（二）工作任务2：根据市场营销案例，分析其所对应的市场营销观念及相应特征和适用背景。

1. 背景材料

一个美国鞋业公司派它的财务主管到一个非洲国家，去了解公司的鞋能否在那里找到销路。一星期后，这位主管打电报回来说："这里的人不穿鞋，因而这里没有鞋的市场。"接着该鞋业公司总经理决定派最好的推销员到这个国家，对此进行仔细的调查。一星期后，推销员打电报回来说："这里的人不穿鞋，是一个巨大的市场。"鞋业公司总经理为弄清情况，再派他的市场营销副总经理去解决这个问题。两星期后，市场营销副总经理打电报回来说："这里的人不穿鞋，然而他们有脚气，穿鞋对脚会有好处。无论如何，我们必须再行设计我们的鞋子，因为他们的脚步比较小，我们必须在教育懂得穿鞋有益方面花一笔钱，在开始之前必须得到部落首领的合作。这里的人没有什么钱，但他们生产我未曾尝过的最甜的菠萝。我估计鞋的潜在销售量在3年以上，因而我们的一切费用包括推销菠萝给一家欧洲连锁超级市场的费用，都得到补偿。总地算来，我们还可以赚得垫付款的30%利润。我认为，我们应该毫不迟疑地去干。"

（资料来源：秩名．市场营销案例分析.百度文库. http://wenku.baidu.com.2011-10-29）

2. 实训内容

请从市场营销学的角度，结合本案例和市场营销观念（生产观念、产品观念、推销观念、市场营销观念及社会营销观念）分析，思考讨论以下问题：

（1）为什么三个调查员得到的结果不一致？

（2）该公司的副总经理的分析是否正确？其结果是否可作为企业的营销机会？

操作指导

（一）如何提高对营销的认识

1. 理论是基础。想要提高对营销的认识，首先要求把理论框架打好，做好全面规划。营销是个细节性的工作。

2. 策略是引导。学习市场营销要有方法，尤其是营销组合和新经济下的关注热点有很大变化，方法要适应市场的变化。

3. 实战是试金石。想要提高对营销的认识，需要多研讨案例，多接触些营销活动。

（二）营销案例分析的步骤

1. 认真阅读案例材料

2. 结合所学理论知识，对案例材料中的问题进行仔细分析。

3. 对所提问题给出合理答案。

课业范例

老太太与小贩

老太太离开家门，拎着篮子去楼下的菜市场买水果。她来到第一个小贩的水果摊前，问道:"这李子怎么样?""我的李子又大又甜,特别好吃。"小贩答。老太太摇了摇头,向另外一个小贩走去,问到:"你的李子好吃吗?""我这里有好多种李子,有大的,有小的,有国产的,还有进口的。您要什么样的李子?""我要买酸一点儿的。""我这篮李子又酸又大,咬一口就流口水,您要多少?""来一斤吧。"老太太买完水果,继续在市场中逛。这时她又看到一个小贩的摊上也有李子,又大又圆,非常抢眼,便问水果摊后的小贩:"你的李子多少钱一斤?""老太太,您好。您问哪种李子?""我要酸一点儿的。""其他人买李子都要又大又甜的,您为什么要酸的李子呢?""我儿媳妇要生孩子了,想吃酸的。""老太太,您对儿媳妇真体贴,她想吃酸的,证明她一定能给你生个大胖孙子。您要多少?""我再来一斤吧。"老太太被小贩说得很高兴,便又买了一斤李子。小贩一边称李子,一边问老太太:"您知道孕妇最需要什么营养吗?""不知道。""孕妇特别需要补充维生素。您知道什么水果含维生素最丰富吗?""不清楚。""猕猴桃有多种维生素,特别适合孕妇。您要给您儿媳妇天天吃猕猴桃,她一高兴,说不定能一下生出一对双胞胎。""是吗?好,那我就再来一斤猕猴桃。""您人真好,谁摊上您这样的婆婆,一定有福气。"小贩开始给老太太称猕猴桃,嘴里也不闲着。"我每天都在这摆摊,水果都是当天从批发市场找新鲜的批发来的,您媳妇要是吃好了,您再来。""行。"老太太被小贩夸得高兴,提了水果,一边付账一边应承着。

三个小贩都向老太太兜售自己的李子,他们都围绕老太太的需求进行销售,但销售结果完全不同,为什么?

参考答案:三个小贩的销售结果完全不同,第一个小贩没有卖出去,原因是他围绕着自己的产品销售,而没有围绕客户的需求进行销售,结果没有卖出去。第二个小贩挖掘出一些客户需求,卖出了李子。第三个小贩知道老太太买李子的动机是为了自己怀孕的儿媳妇,不仅卖出了李子,还卖出了猕猴桃。因此,要善于发掘需求背后的需求。

(资料来源:秩名. 老太太与小贩. 买购网. http://www.maigoo.com.2010-11-07)

 课业评价

"营销重要性认识"课业的评价标准及评价分值见表1-1。

表1-1 "营销重要性认识"析评估标准和评估分值

评估项目	评估标准	课业是否基本完成 评估分值60分	课业是否达到要求 评估分值40分	考评成绩 Σ100
课业1: "营销重要性认识"Σ100		基本完成,得60分,没有基本完成,酌情扣分	1. 思路清晰,观点明确(10) 2. 能应用专业知识解答和讨论问题(10) 3. 小组成员积极配合(5) 4. 正确认识营销基本概念及重要性,分清各种市场营销观念(15) Σ40,没有达到,酌情扣分	

单元二　掌握市场研究方法

"没有调查，就没有发言权"，这是在实际工作和生活中人们对事物的评判者和决策者所提出的共识性要求。市场调查是为决策提供信息的一种主要手段，是企业营销系统中不可或缺的一项活动。企业只有对市场做出科学的分析，才能使其市场营销活动具有针对性，才能在竞争中求得生存和发展。

要使市场调查工作顺利进行，首先必须要有一个完善的调查计划，其次是根据制定的调查计划实施调查，最后需要形成系统的市场调查报告，并以此为制定市场决策的重要依据。对于企业的经营管理者来说，必须以客观的态度和科学的方法完成以上步骤，才能做出有利于企业发展的经营决策。

 单元任务

通过本单元的 3 项课业训练，更好地掌握市场研究方法，较系统、全面地掌握市场调查技能，实现课业目标。

要求学生把所学的"市场调查总体方案策划"、"问卷设计"、"市场调查报告撰写"理论运用于市场研究的营销实践，联系有关项目或资料，进行市场调查分析，在实践运用中理解市场营销信息管理理论，掌握市场调查分析的基本技能。

要求学生以小组为单位完成2项基本技能训练，即"营销调查计划"制定和"问卷调查"设计。在此基础上，以小组为单位完成1项综合技能训练，即约5000字的"市场营销调研报告"撰写任务。

要求学生在"市场调查"技能培养的课业训练中，提高市场分析能力，对"策划能力"、"分析判断能力"、"写作能力"、"团队协作能力"进行重点培养。

 **单元意义**

（一）帮助学生理解"市场研究"的重要作用

通过本单元课业训练，使学生能够把市场营销信息管理理论运用到市场调查营销实践中，理解市场调查分析是否得当对企业制定经营决策、拓展市场和开发新产品服务、提升企业竞争力、改善企业经营管理具有重要作用。市场调查是企业生产经营活动中必不可少的一环，是任何企业都无法脱离的营销管理活动。

（二）帮助学生掌握"市场调查"技能

通过本单元课业训练，使学生能够掌握市场调查方案的制定、问卷设计、撰写市场调查报告等技能。学生能够结合联系有关项目或资料，根据调查的目的，制定出相应的营销调查计划，并根据该市场调查计划和调查目的设计一份问卷。学生将所设计的调查问卷运用于市场调查，并通过将回收的问卷进行整理、分析、归纳后形成一份全面的市场调查报告。

掌握市场调查技能对学生将来胜任市场营销工作是至关重要的。市场调查是市场营销管理的基础工作，需要很强的实践能力和策划能力。同时，掌握市场调查技能也能为学生将来自己创业奠定必要的业务基础。

 课时安排（6课时）

本单元把市场营销信息管理作为课业理论指导，完成以下 2 项基本技能课业和 1 项综合技能课业的训练，达到本单元实践教学的目标。

课业 2：联系有关项目或资料，完成"营销调查计划"制定的基本技能课业（指导 1 课时，课堂讨论完成课业 1 课时）。

课业 3：根据课业 2 制定的营销调查计划，完成"调查问卷"设计基本技能课业（指导 1 课时，课堂讨论完成课业 1 课时，课外完成实地调查，并对回收的问卷进行整理分析）。

课业 4：在以上 2 项基本技能完成基础上，完成《市场营销调研报告》撰写综合技能课业（指导 2 课时，课外完成课业）。

课业 2 "营销调查计划"制定

 课业目标

通过本课业训练，使学生能够掌握制定营销调查计划的基本技能。学生能够联系有关项目或资料，根据调查目标，独立制定营销调查计划，并能进行调查计划可行性分析，为市场调查打下基础。通过制定营销调查计划，帮助企业保证调查工作有序地进行，减少盲目性。只有营销调查方案策划周密，市场调查的各个环节才能有条不紊地进行，调查工作才能保质保量地完成。

 理论指导

（一）营销调查计划的定义

营销调查计划即市场营销调查工作的程序。

（二）制定营销调查计划的意义

1. 减少盲目性。
2. 在既定的目标下节省费用、时间、精力等资源。

（三）制定营销调查计划的原则

1. 有效性——解决问题，达到目的。
2. 科学性——科学的理论依据及方法。
3. 可行性——具有可操作性。

（四）营销调查计划的内容

1. 调查的背景及目的。
2. 调查的内容。
3. 调查的时间、地点及对象。
4. 调查的方式及调查工具。

5. 调查人员的选择与培训。
6. 调查进度表。
7. 调查费用预算表。
8. 调研资料整理与分析的方法。
9. 确定提交调研报告的方法。

（五）营销调查计划的可行性分析方法

1. 直观判断法——属经验判断。
2. 逻辑分析法——强调调查内容、对象与目的问题的逻辑性。
3. 试点调查法——针对大规模的调研。

（六）营销调查计划的总体评价

1. 方案设计是否体现调查目的和要求。
2. 调查方案是否具有可操作性。
3. 方案设计能否使调查质量有所提高。

 课业任务

要求学生把市场调查方案设计理论运用于营销实践，联系有关项目或资料，根据调查目的进行调查方案设计，并对所设计的营销调查方案进行可行性分析。

背景材料：

电脑在当今社会，特别是对大学生来说已经成了必不可少的学习与娱乐的工具。其原因是电脑为大学生收集信息、整理资料、分析数据提供方便，使学生们做各种与学习有关的事情。同时，也为大学生在娱乐方面提供了便利。在我院，同学几乎每人一台电脑，大一的新生也在陆续地购买。

为了更好地使某电脑产品扩大在我院的市场占有率，评估我院电脑行销环境，制定相应的营销策略，对我院电脑市场调查大有必要。

本次市场调查将围绕市场环境、消费者、竞争者为中心进行。

（一）工作任务1：根据市场营销背景案例材料制定营销调查计划。分9步骤完成。

1. 根据营销案例材料，确定调查的背景及目的。
2. 确定调查的内容。
3. 确定调查的时间、地点及对象。
4. 确定调查的方式及调查工具。
5. 确定调查人员的选择与培训。
6. 制定调查进度表。
7. 制定调查费用预算表。
8. 选择调研资料整理与分析的方法。
9. 确定提交调研报告的方法。

（二）工作任务2：对工作任务1制定的营销调查计划进行可行性分析。分3步骤完成。

1. 对工作任务1制定的营销调查计划进行技术可行性分析。
2. 对工作任务1制定的营销调查计划进行经济可行性分析。
3. 对工作任务1制定的营销调查计划进行操作可行性分析。

 **操作指导**

（一）营销调查计划的制定步骤

1. 确定调查的背景及目的

调查背景是介绍调查问题提出的缘由，调查目的是在此背景环境下指出调查项目要解决的问题。

2. 确定调查的内容

确定调查内容就是确定调查项目。调查项目是指取得资料的项目，它是表明调查对象特征的各项标志，也就是明确向被调查者了解什么问题。在确定调查内容时，需要注意以下问题：①调查项目应当既是调查任务所需，又是能够取得答案的，不宜过多；②调查项目的表达必须明确，不能含糊不清；③调查项目之间尽可能相互关联，使取得的资料相互对照，以便了解现象发生变化的原因、条件和后果，从而检查答案的准确性。

3. 确定调查的时间、地点及对象

调查时间是指调查在什么时间进行，需要多少时间完成。不同的调查课题和不同的调查方法，有不同的最佳调查时间。

调查地点即收集信息的地点，不同的调查方法对地点的需求不同。

调查对象是根据市场调查目的选定的市场参与者，是依据调查的任务和目的，确定本次调查的范围及需要调查的那些现象的总体，就是解决向谁调查问题，由某些性质相同的调查单位所组成。确定调查对象时需要注意：①严格规定调查对象的含义，并指出它与其他有关现象的界限。例如，以城市职工为调查对象，就应明确职工的含义，划清城市职工和非城市职工、职工与居民等概念界限；②调查对象的确定取决于调查目的。

4. 确定调查的方式、方法及调查工具

确定调查方式即确定调查对象的范围，也就是根据项目的具体需要，确定普查或者抽样调查。如果是抽样调查，还需要确定是随机抽样还是非随机抽样。

调查方法即采取什么样的方法取得调查资料。调查的方法有四种，分别是文献法、观察法、实验法、询问法，而有些方法又分为多种类型。例如，询问法包括面谈访问法、电话访问法、邮寄调查法、留置问卷调查法、互联网调查、小组讨论等。

调查工具即整个调查过程中所需要的工具。常用的调查工具有问卷调查表、记录表、试验仪器、相关设备、笔、工作证、小礼品、辅助资料等。

5. 确定调查人员的选择与培训

确定调查人员，主要是确定参加调查人员的条件和人数，包括调查人员的必要培训。由于调查对象来自于各种各样的群体和个人，文化水平和思想意识差异较大，因此要求调查人员必须具备一定的思想水准、较强的沟通能力和丰富的业务知识。

6. 确定调查进度表

调查进度表规定调查工作的开始时间和结束时间，包括调研方案设计到提交调查报告的整个工作时间，其目的是使调查工作及时开展、按时完成。为了提高信息资料的有效性，在可能的情况下，调查期限应适当缩短。

7. 编制调查费用预算表

调查开支费用会因调查课题的不同而不同。在制定预算时，应当制作较为详细的细分工作项目费用计划。通常在调查前期，计划准备阶段的费用安排大概占到总预算的 20%左右，具体实施调查阶段的费用安排可占到 40%左右，而后期分析报告阶段的费用占 40%左右。

8. 确定调查资料整理与分析的方法

调查资料整理包括整理初级资料、证实样本的有效性及编表。整理初级资料主要依靠人工手动完成检查。例如可以根据以往的实践经验或调查资料的内在逻辑关系，对调查资料的真实性和准确程度进行判断；可以通过人工检查收集到的资料是否齐全，有无重复或遗漏；可以通过人工检查记录口径是否一致等。随机抽样法下的样本的有效性可以通过科学的统计方法来估计样本本身的误差，也可以通过与普查资料对比核实。编表是为了对资料进行分析与对比，将整理过的资料根据调查目的和重要程度进行统计分类，制成表格或图形，使资料简洁明了。一般来说，资料较少时可以通过人工列表，资料较多时可以利用计算机列表。

资料分析的方法主要有统计分析和理论分析两种。统计分析主要包括描述统计和推论统计。描述统计是描述调查观察的结果，包括频数、集中趋势、离散程度、相关分析和回归分析等。推论统计是在描述统计的基础上，利用数据所传递的信息，通过样本去对全体的特征加以推断，包括区间估计、假设检验等内容。理论分析是在对资料整理汇总统计分析的基础上进行思维加工，从感性认识上升到理性认识，方法包括：归纳法、演绎法、推类法、公理法、系统法及其他方法的综合。

9. 确定提交调查报告的方法

调查报告的形式包括书面报告和口头报告，提高调查报告的方式主要包括调查报告的形式和分数、报告书的基本内容等。

（二）制定营销调查计划时的注意事项

1. 一份完整的营销调查计划，应该涉及调查营销调查计划的所有内容，不能有遗漏，否则就是不完整的。

2. 营销调查计划的具体格式（比如编辑排版上）并不是唯一的，中间内容的适当合并或进一步细分亦可行。总之应根据具体的案例背景加以灵活处理。

3. 营销调查计划的书面表达非常重要。一般来说，计划书的起草与撰写应该由课题的负责人来完成。

（三）营销调查计划的模拟实施

调查计划的模拟实施可以根据实际的调查情况反应出计划可能存在的问题。通常情况下，为了更好地组织实施调查，使调查在能保证质量的同时尽可能地节省资源，我们需要对调查项目进行预调研。值得一提的是，并非所有的营销调查计划都要进行模拟，只有那些调查内容很重要、调查规模又很大的调查项目才考虑进行模拟调查。

（四）营销调查计划的可行性分析

营销调查计划的可行性分析主要包括技术可行性分析、经济可行性分析和操作可行性分析。技术可行性分析主要针对项目实施的技术角度，合理设计技术方案，并进行比选和评价；经济可行性分析主要从资源配置的角度衡量项目的价值，评价项目在实现区域经济发展目标、有效配置经济资源、增加供应、改善环境、提高人民生活等方面的效益；操作可行性分析主要针对分析调查方案达到调查目的和要求的前提下是否具有可操作性。

 课业范例

银行个人住房和汽车贷款消费者购买行为调查方案设计

（一）调查背景

近年来，各银行普遍面临着中小企业资信较差、不良贷款持续增长的问题，银行对于企业贷款普遍存在惜贷的现象。但银行的居民个人存款数却持续上升，老百姓购房热情持续高涨，个人住房贷款业务已经成为银行业个人消费贷款的主流，成为银行业的主要利润来源。随着人民生活水平的不断提高，汽车消费的高潮即将到来，这为银行发展该类业务提供了新的市场机遇。

（二）调查目标

某商业银行 C 市分行决定在继续扩大住房个人贷款业务的同时，在本市开展"个人汽车贷款"业务，作为该行新的利润增长点。为了有效地开展此项业务，决定进行消费者购买行为调查。

（三）调查内容

本次调查的具体内容包括以下几个方面：

1. 了解目标消费群体的基本特征，包括：人口统计特征、消费及贷款心理特征、贷款使用的主要方向等。

2. 了解本市居民对于个人住房消费贷款和汽车消费贷款的认知情况。

3. 了解目标消费群体对此项新业务的反应。

4. 了解哪些因素会对目标消费群的反应产生影响，哪些因素会使目标消费群做出积极的反应。

5. 确定反应程度，进行预测。

（四）调查方法及抽样

本次调查的数据收集通过以下四种方式获取：

1. 采用拦截调查法。主要选择机关、事业单位、大专院校、高档写字楼附近的区域，共选择 20 个点。对居民进行问卷调查，采用随机抽样，规模为 800 人，男女比例为 1:1，老、中、青的比例为 1:3:1；样本误差为±5%，置信度为 95%。执行问卷调查的访问员为某市社会调查大队的兼职调查员，每一个调查点由 2 名访问员执行任务，共需 40 名访问员。本部分调查主要实现调查内容的 1、2、3、5。

2. 网络调查法。通过在本行的网站上自制问卷、给原有客户发放电子邮件问卷，收集目标消费者对汽车贷款业务的看法和意见。在搜狐等知名网站上建立汽车消费贷款业务论坛，公布调查人员的邮件地址，广泛听取意见。

3. 直接体验。此项调查为探索性研究，体验申请办理汽车消费贷款业务，了解办理手续，切实了解办理此项业务的条件和便利程度，同时为后续的深度访谈做好前期准备。访问员直接以消费者的身份到 C 行办理此项业务。

4. 深度访谈。此项调查是为了把握目标消费者的行为和心理，为该行提供直接与消费者沟通的渠道。深度访谈采用头脑风暴法进行，预先选择一间现代化的多媒体小型会议室，选定 16 名目标消费者（办理过住房贷款和汽车贷款的各一半，男女各一半），用 3 个小时，由专业

调查人员组织讨论该项业务，了解消费者的认知度、接受度和满意度，确定消费者对该项业务的认同情况和存在的问题。

网络调查、直接体验、深度调查都是为了了解调查内容4。

（五）调查流程（略）

（六）调查组织计划

本次调查由1名项目经理负责组织，配有3名助理，聘请某市社会调查大队专兼职调查人员40名做调查。

（七）调查进程和费用预算（见表2-1）

表2-1 调查进程和费用预算表

项目	时间分配（天）	预计经费（元）	备注
1.确定调查目标、制定调查计划	5	6000	
2.设计问卷和组织问卷调查、网上调查、直接体验	7	12000	包括问卷设计费、访问员的劳务费、办理贷款的手续费等
3.深度访谈调查	4	4000	包括礼品、租用会议室费用
4.资料整理分析	4	3500	含数据录入、统计、分类等
5.草拟调研报告	5	3500	
6.召开调查报告评审会	3	3000	
7.调查报告定稿并印刷	4	1000	
合计	32	33000	

（八）提交调查报告的方式

本次调查报告为书面形式，同时提供电子稿件，内容包括引言、摘要、调查目的、调查方法、调查结果、结论和建议、附录七大部分。

在本调查计划中，涉及的技术问题主要是制定和发布网络调查问卷、通过电子邮件的方式向已有的客户发放电子问卷、在知名网站上建立相关论坛。在计算机网络技术如此发达的今天，这些技术都是可行的。因此，此方案具有技术可行性。

在本营销调查计划中，各项预算费用分配合理，符合实际需要，且总预算费用仅为33000。该费用对于某项银行业务发展的调研成本来说是相对低廉的，并且费用不大，不会给企业带来过重的经济负担。另外，该项目的成功实施可以使银行有效针对客户的需要开展业务，能够提高银行的服务质量，对改善消费环境、提高人民生活水平有显著的经济效益。因此，该方案具有经济可行性。

根据本营销调查计划，拦截调查、网络调查、直接体验和深度访谈的调查样本均容易获得，并且聘请社会调查大队专兼职调查人员进行调查，使得调查容易成功，具有可操作性。

 课业评价

"营销调查计划"制定课业的评价标准及评价分值见表2-2。

表 2-2 "营销调查计划制定"评估标准和评估分值

评估标准\评估项目	课业是否基本完成 评估分值 60 分	课业是否达到要求 评估分值 40 分	考评成绩 Σ100
课业 2:"营销调查计划"制定 Σ100	基本完成,得 60 分 没有基本完成,酌情扣分	1. 调查方案设计完整、全面(20) 2. 调查方案设计具有可行性(20) Σ40,没有达到,酌情扣分	

课业 3 "调查问卷"设计

课业目标

通过本课业训练,使学生能够掌握调查问卷设计的基本技能。学生能够根据营销调查计划,结合调查目标和内容,独立设计市场调查问卷表,并能进行实地调查,为市场调查研究打下基础。通过调查问卷设计,能将企业需要了解的市场信息系统地反应到一张表上,便于企业整理和分析市场资料,为科学地制定决策打下坚实基础。

理论指导

(一)营销调查方法分类

营销调查方法包括四类,分别是二手资料调查法、观察法、询问法、实验法。问卷调查法属于询问法的一种。

(二)问卷及问卷设计的含义

问卷,也叫调查表,它是一种以书面形式了解调查对象的反应和看法,并以此获得资料和信息的载体。问卷是市场调研的一种工具。问卷设计是指依据调研与预测的目的,列出所需要了解的项目,并以一定格式,将其有序地排列组合成调查表的活动过程。

(三)问卷设计的目标

调查问卷的设计主要应完成以下目标:便于为管理者提供必要的决策信息;便于应答者回答;便于编辑和数据处理。

(四)问卷设计的原则

营销调查的内容涉及方方面面,而每一项专题调查都有各自的特点,调查的目的和要求、调查对象、调查内容以及调查方式等因素的不同都会影响调查问卷的设计。但不管怎么变化,问卷设计也并非完全无规律可循,其基本原则大致是相同的。

问卷设计必须遵循以下原则:有效性,即要求问卷设计的目的、题目要求严谨,但不宜过多;合乎逻辑性,即问题的设计由易入难、问题的安排按照时间顺序、问题的排列按照"事实—行为—动机—态度"顺序、问题与问题间体现逻辑性、单个问题的答案间也要体现逻辑性;便于回答原则,即问题设计具体,简单易懂,少用专业术语;便于统计原则,即问题设计尽量简化,避免出现复合问题;保持中立原则,即问题及答案的设计不要误导调查对象;篇幅适度原则,即整个问卷的设计在满足目标要求的同时考虑资源节约;与分析方法相结合原则,即设立的问题应与所设计的分析方法相结合。

(五)问句的种类

调查问卷中的问题按照不同的划分标准有不同的类型。依据问题的性质划分,可分为直接性问句、间接性问句、假设性问句;依据问题答案的界定划分,可分为封闭式问句、开放式问句、混合式问句;依据问题的内容划分,可分为事实性问句、行为性问句、动机性问句、态度性问句。

课业任务

要求学生把问卷设计理论运用于实践,联系课业 2 工作任务制定的营销调查计划,结合调查目的和调查内容,设计"问卷调查表"并用于实际调查。

(一)工作任务1:根据课业2工作任务制定的营销调查计划设计一份问卷调查表。分4步骤完成。

1. 根据课业2工作任务制定的营销调查计划确定问卷设计主题。
2. 在明确问卷设计主题的基础上草拟一份问卷设计表。
3. 对草拟的问卷设计表进行评估、试验及修改。
4. 调查问卷表定稿,并完成打印和印刷。

(二)工作任务2:将印刷好的调查问卷用于实地调查。课后完成。

操作指导

(一)调查问卷标题设计

问卷的标题是调查的中心。好的问卷标题能增强被调查者的兴趣和对被调查者的吸引力。在拟定问卷标题时具体要做到以下几方面的要求。

1. 简明扼要。例如"2006 年××公司对消费者关于日化用品月消费支出的深入调查",这样的标题显得过长,使被调查者阅读起来或听起来非常费劲,应将没有必要的内容删掉。可以改为"日化用品月消费支出调查",这样就显得简明又清晰。

2. 不要直接用"市场调查问卷"。这样的标题使被调查者无法直接知道调查的主题。

3. 标题形式可以多样化。可以通过恰当的表述增强调查的吸引力。例如,"对大学生月消费支出的调查"可以改为"对天之骄子月消费支出的调查",这样可以增强调查的吸引力。另外,对于调查范围比较大的问题或调查属于系列化的问题,可以采用复合标题。例如,"重庆市居民社会生活调查——出行调查"。由于居民社会生活的调查涉及诸多方面,可以通过系列调查分开进行,其中居民出行方面的调查可以独立作为专题来进行。

(二)调查问卷开场白设计

调查问卷的开场白用于引起被调查者对所调查问题的兴趣和重视,激发被调查者的参与意识并消除一些疑虑。为了争取得到被调查者更好的合作,可以在一开始接触被调查者时就通过一个情真意切、简明扼要的说明,赢得被调查者的信赖。问卷开场白语气应该亲切、诚恳、有礼貌,内容要能交代清楚调查目的以及被调查者提供资料的重要性。另外,该部分对于自填式问卷还可以通过说明规范和回答提示帮助被调查者回答问题。问卷问候语和说明不能冗长,以免引起被调查者的反感。

（三）问卷设计中问题提问的基本技巧和要求

1．问题多用亲切的词语。例如，提问时用"您"而不是"你"。
2．问题尽量不要过长。问题过长使消费者没能理解问题的中心，容易产生厌烦情绪。
3．提问不要太直接具体。例如，"您认为苹果电脑是不是最好的？"
4．问题不要太过专业。例如，"您认为市场营销中的4P策略中哪一项最重要？"
5．问题涉及的时间不要太久远。时间太久使回答者容易难以回答。例如，"请问您上个月的哪一天到过解放碑？"
6．问题不要涉及难于判断的回答。例如，"解放碑商圈和江北商圈哪个更大？"
7．问题要用中性的表述。例如，"广告是企业参与市场竞争的利器，请问您企业的广告投放情况如何？"这样的设问带有明显的倾向性。
8．不要直接询问让人尴尬的问题。例如，"女士您好，针对您脸上的雀斑，您一般用什么牌子的化妆品？"
9．不要直接询问被调查者的隐私。例如，"请问您老公对你好吗？"
10．不要提没有意义的问题。例如，"请问您的出身是什么？"
11．不要用难以定义的词。例如，"您经常到解放碑吗？"
12．不要用意思不明确的句子。例如，"请您简单并深入地谈谈您对解放碑商圈的印象。"
13．不要问断定性提问。例如，"您一定很喜欢逛街，请您谈谈对当前购物环境的印象。"
14．问题的设计要注意问题与答案的一致性。例如，问题是"商圈形象需要投资打造吗？"，所提供的答案选项却是"好"和"不好"。
15．问卷设计中问题的排放要合乎逻辑性，即问题的设计由易入难、问题的安排按照时间顺序、问题的排列按照"事实—行为—动机—态度"顺序、问题与问题间体现逻辑性、单个问题的答案间也要体现逻辑性。

（四）常见封闭式题目答案的设计

1．两项选择法。针对只有两种可能的答案进行设计。例如，"您是在校大学生吗？答案A是；B不是。"
2．多项选择法。可以通过排序的方式或直接选择相符答案的方式完成。
3．量表法。量表法适用于测定被调查者对某种观点的态度。例如，"大学教育是素质教育而不是技能培训。"答案设计成3级：非常同意——同意——非常不同意；也可以设计成5级：完全同意——同意——一般——不同意——完全不同意。
4．语义差别法。语意差别法适用于测定被调查者对某对象的评价，答案设计成两个相反的态度，并在相反的词之间程度进度，由被调查者选择他们愿意的方向或程度。例如，"请你指出对解放碑大都会商场的整体印象。"答案：非常差 7—6—5—4—3—2—1 非常好。
5．配合法。配合法要求在问题中把调查对象与提示问句连接起来。例如，"请您用画线连接下面商圈所对应的特征。"

    江北商圈   品牌多
    解放碑商圈   商圈大
    沙坪坝商圈   购物环境好

6．数值分配法。数值分配法由被调查者选择有一定代表特性程度的数值对被调查对象进行评分打分,如0~10或0~100。例如,"请您对帕萨特汽车品牌的形象进行评价打分。"

（五）调查问卷结尾设计

结束语部分用来简短地对被调查者的支持表示衷心的感谢,也可以通过结束语部分征询一下被调查者对问卷设计和接受调查的感受和看法。

（六）调查问卷的编码

编码的目的是方便调查资料分析整理阶段的录入和运用计算机做统计分析。问卷的编码包括：每份问卷的编号,即在问卷最右侧设"统计编码或问卷编号"；可对每一个调查大类进行编码,如被调查者的基本特征可以作为一个大类用代码表示,而事实性问题和行为性问题又作为一个大类用代码表示等；对各个备选答案亦须编码。

 课业范例

大学生消费调查问卷

问卷编号：

您好！

我们是广东医学院市场营销专业大二的学生,为了了解广州大学城大学生的消费基本情况及消费心理特征、行为和结构等,特此进行此次市场调查。请您给予支持和配合,谢谢!

1. 您的每月的基本消费金额是（　　）。
   A. 400以下　　　　　　　　B. 400~600
   C. 600~800　　　　　　　　D. 800~1000
   E. 1000以上

2. 您每月消费主要用于（　　）。（多选）
   A. 伙食　　　　　　　　　　B. 学习
   C. 通讯　　　　　　　　　　D. 化妆品
   E. 恋爱　　　　　　　　　　F. 游玩
   G. 衣服饰品　　　　　　　　H. 日常用品
   I. 人际交往　　　　　　　　J. 其他

3. 您的经济来源的主要渠道有（　　）。
   A. 父母及家庭供给　　　　　B. 勤工俭学
   C. 贷款　　　　　　　　　　D. 奖学金
   E. 助学金　　　　　　　　　F. 其他

4. 当您购买需要的商品时,你最看重的是（　　）。
   A. 质量与实用性　　　　　　B. 价格
   C. 品牌　　　　　　　　　　D. 美观别致
   E. 其他

5. 当您和朋友聚会及外出很多时候采取的买单方式（　　）。
   A. AA制　　　　　　　　　　B. 有人买单请客
   C. 视情况而定

6. 您通常采取的消费方式（　　）。（多选）
   A．网上购物　　　　　　　　　B．去大型超市或其他百货商场购物
   C．专卖店或品牌店　　　　　　D．特色店、折扣店
   E．去小商店　　　　　　　　　F．路边小摊
7. 您是否购买名牌服饰或是首饰等贵重物品或其他奢侈品（　　）。
   A．经常　　　　　　　　　　　B．一般
   C．有时候　　　　　　　　　　D．极少
   E．从未
8. 您对您的消费是否有记录（　　）。
   A．对大数的消费有记录　　　　B．一般都有记录
   C．记录得很详细　　　　　　　D．没有记录
9. 您会不会为了购买某件名牌而节衣缩食，甚至牺牲自己的其他必要开支？（　　）。
   A．会　　　　　　　　　　　　B．不会
10. 您通常选择物品的标准是（　　）。
    A．自己喜欢　　　　　　　　　B．与众不同，有品位
    C．品牌　　　　　　　　　　　D．无所谓
11. 当您购买了假冒伪劣产品或者购买的商品缺斤少两时，你通常会采取什么方式？（　　）。
    A．忍气吞声，自认倒霉　　　　B．去找商家理论，维护自己的正当权益
    C．打相关部门电话进行投诉
12. 您是否购买盗版的书籍和碟片（　　）。
    A．经常买，因为便宜
    B．如果有钱，我会买正版，因为正版质量好一些
    C．盗版是不合乎道德的，应该抵制
    D．盗版违法，不能买
13. 在你身边的消费有无攀比现象（　　）。
    A．有　　　　　B．没有　　　　C．不清楚
14. 如果您请同学或朋友吃饭，您会首选哪里？（　　）。
    A．饭馆　　　　　　　　　　　B．麦当劳/肯德基
    C．家里　　　　　　　　　　　D．学习食堂
    F．其他
15. 您现在是否知道你钱包里有多少元或银行卡里的余额？（　　）。
    A．很清楚　　　B．大约知道　　C．从未去想过
16. 你个人拥有哪些物品？（　　）。（多选）
    A．电脑　　　　B．数码相机　　C．手机
    D．MP3/4/5　　 E．名贵饰品　　F．都没有
17. 您认为您的消费属于哪一类型？（　　）。
    A．精打细算型　　　　　　　　B．今朝有酒今朝醉型
    C．大众型　　　　　　　　　　D．其他

18. 花父母的钱，心中有何想法（　　）。
    A．理所当然　　　　　　　　B．心有愧疚但无可奈何
    C．希望以后有所偿还　　　　D．从来没有想过
    E．其他
19. 您期望一个月生活费是多少？（　　）。
    A．2000元以上　　　　　　　B．1000~2000元
    C．800~1000元　　　　　　　D．500~800元
    E．其他
20. 您认为每月的生活费是否能满足需求（　　）。
    A．有剩余　　　　B．刚刚好　　　　C．完全不够
21. 您对现在的消费状况是否满意？（　　）。
    A．很满意　　　B．没考虑过，无所谓　　　　　　　C．不满意
22. 请您谈谈对大学生消费现状的看法。

_____

_____

再次感谢您的配合，谢谢！

（资料来源：梁惠瑛，傅锡鹏．大学生消费观念调查．豆丁网．http://www.docin.com/p-143153536.html.2010-06-24）

课业评价

"调查问卷设计"课业的评估标准及评估分值见表2-3。

表2-3　"调查问卷设计"评估标准和评估分值

评估标准 评估项目	课业是否基本完成 评估分值60分	课业是否达到要求 评估分值40分	考评成绩 Σ100
课业3： "问卷设计"设计与分析 Σ100	基本完成，得60分 没有基本完成，酌情扣分	1．问卷设计主题明确，结构合理（10） 2．问题的设计是否恰当（10） 3．答案的设计是否科学（10） 4．问卷篇幅是否适中、卷面是否美观（10） Σ40，没有达到，酌情扣分	

课业4　《市场营销调研报告》撰写

课业目标

通过本课业训练，使学生能够掌握市场营销调研报告撰写的基本技能。学生能够将实地

调研的问卷回收后，通过整理分析，形成系统的市场营销调研报告，为企业科学决策提供依据。一份好的市场营销调研报告能够对企业的市场策划活动提供有效的导向作用，同时，对各个部门管理者了解情况、分析问题、制定决策、编制计划以及控制、协调、监督等各方面都能起到积极的作用。

理论指导

（一）市场营销调研报告的概念

市场营销调研报告是在对调查得到的资料进行分析整理、筛选加工的基础上，记述和反应市场营销调查成果并提出作者的看法和意见的书面报告，是市场调查工作的最终成果。

（二）市场营销调研报告的作用

市场调查的主要目的是为营销管理提供服务。市场营销调研报告的作用主要有三方面：可以使调查成果形成一种有条理的固定形式；可以全面反映调查工作的质量；可以帮助人们采取合理的行动或对策。

（三）市场营销调研报告的特点

市场营销调研报告是对市场的全面情况或某一侧面、某一问题进行调查研究之后撰写出来的报告，是针对市场状况进行的调查与分析，因而有着不同于其他报告的特点。市场营销调研报告的特点包括：针对性、新颖性、时效性。

（四）市场营销调研报告的内容

市场营销调研报告的内容主要包括：介绍市场背景资料；说明调查目的及所要解决的问题；给出市场资料分析的方法，如样本的抽取，资料的收集、整理、分析技术等；说明市场调研数据的得来及其分析；提出论点，即摆出自己的观点和看法；论证所提观点的基本理由；提出解决问题可供选择的建议、方案和步骤；预测可能遇到的风险及对策。

课业任务

要求学生把市场营销调研报告撰写理论运用于营销实践，联系有关项目或资料，根据调查问卷回收的市场资料，完成市场营销调研报告的撰写。

工作任务：对课业 3 工作任务搜集的调研数据进行讨论分析，完成市场营销调研报告的撰写。

操作指导

（一）市场营销调研报告的格式

市场营销调查报告的格式一般由：标题、目录、摘要、概述、正文、结论与建议、附件等几部分组成。

1. 标题

标题和报告日期、委托方、调查方一般应打印在扉页上。有的调查报告还采用正、副标题形式，一般正标题表达调查的主题，副标题则具体表明调查的单位和问题。

2. 目录

如果调查报告的内容、页数较多，为了方便读者阅读，应当使用目录或索引形式列出报告所分的主要章节和附录,并注明标题、有关章节号码及页码,一般来说,目录的篇幅不宜超过一页。

3. 摘要

摘要是对整个市场营销调研报告的总结性陈述,可以放在调研报告的目录后面,也可以放在结论与建议的后面。摘要主要包括:调查目标的简要陈述;调查方法的简要陈述;主要调查结果的简要陈述;结论与建议的简要陈述。

4. 概述

概述主要阐述课题的基本情况,它是按照市场调查课题的顺序将问题展开,并阐述对调查的原始资料进行选择、评价、作出结论、提出建议的原则等。主要包括以下三方面内容:

(1) 简要说明调查目的。即简要地说明调查的由来和委托调查的原因。

(2) 简要介绍调查对象和调查内容。包括调查时间、地点、对象、范围、调查要点及所要解答的问题。

(3) 简要介绍调查研究的方法。介绍调查研究的方法有助于使人确信调查结果的可靠性,因此对所用方法要进行简短叙述,并说明选用方法的原因。例如,是用抽样调查法还是用典型调查法,是用实地调查法还是文案调查法,这些一般是在调查过程中使用的方法。另外,对在分析中使用的方法,如指数平滑分析、回归分析、聚类分析等都应作简要说明。

5. 正文

正文是市场调查分析报告的主体部分。这部分必须准确阐明全部有关论据,包括问题的提出、引出的结论、论证的全部过程、分析研究问题的方法,还应当有可供市场活动的决策者进行独立思考的全部调查结果和必要的市场信息,以及对这些情况和内容的分析评论。

6. 结论与建议

结论与建议是撰写综合分析报告的主要目的。这部分包括对引言和正文部分所提出的主要内容的总结,提出如何利用已证明为有效的措施和解决某一具体问题可供选择的方案与建议。结论和建议与正文部分的论述要紧密对应,不可以提出无证据的结论,也不要没有结论性意见的论证。

7. 附件

附件是指调查报告正文包含不了或没有提及,但与正文有关、必须附加说明的部分。它是对正文报告的补充或更详尽的说明,包括数据汇总表、原始资料背景材料和必要的工作技术报告,例如为调查选定样本的有关细节资料及调查期间所使用的文件副本等。

(二) 市场营销调研报告写作的基本要求

1. 正确表达

市场营销调研报告的正确表达要求撰写的报告有明确的主题,报告应该简明扼要、条理清晰,用简洁的表现形式。报告中的图标应该有标题,对计量单位应该清楚地加以说明,如果采用了已公布的资料,应该明确资料来源。

2. 善于利用图表

正文中穿插图表是行之有效的表现手法,图表是一种传递和表达信息的工具,每个图表只包含一个信息,非常直观。

3. 内容基本完整

一个完整的市场营销调研报告中至少应该陈述调查的动机、目标、结果、结论和建议。

4. 表达方式多样性

市场营销调研报告的表达方式主要包括：①文字。文字是传统的报告形式，是必不可少的形式。②软件。PowerPoint 是制作此类报告的通用手段。③口头。从技术上讲，声音刺激、辅助使用投影设备和适当的表达技巧可以获得良好的效果。④网络。有些调研报告在网络上发表，可以更快速、更省力。

（三）市场营销调研报告的写作技巧

营销调研报告的写作技巧主要是适当运用一些图形和表格，帮助有效表达数据资料。一个图形和表格成功应用的关键在于清晰、简洁地表述报告所要传达的信息。常用图表主要包括以下几种：

（1）流程图。流程图引入一系列主题并例证他们之间的关系。流程图尤其适用于例证序列。

（2）层级图。层级图展示了跨时间、地域的相对重要性以及变化。层级图适用于展示相对数据跨时间的变化。

（3）饼形图。饼形图是一个被分成许多部分的完整的圆，对于展示相对尺寸和静态比较尤其有利。饼状图的组成部分应该限定数目（5 个或 6 个）。如果数据分为许多小部分，可以考虑把最小的部分或不重要的部分并入"其他"。

（4）柱状图。柱状图用来对项目进行跨时间比较或者说明各项间的相互关系。

（5）表格。表格使读者得以对数据资料进行比较。

 课业范例

大学生消费观念调查——大学城各大高校大学生消费调查报告

一、前言

随着社会经济的飞跃发展，大学生作为一个特殊的消费群体正受到越来越多的关注。由于大学生年纪较轻，群体较特别，有着不同于社会其他消费群体的消费心理和行为。一方面，他们有着旺盛的消费需求；另一方面，他们尚未获得经济上的独立，消费受到很大的制约。消费观念的超前和消费实力的滞后，都对他们的消费有很大影响。因此，关注大学生消费状况，把握大学生消费的心理特征、行为和结构，培养和提高他们的消费观念和理财能力，引导在校大学生最终走向健康消费成为了一个重要的课题。

那么我们广州大学城的各大高校大学生的消费情况如何呢？对此，我们对大学城的十所大学的大学生以问卷调查的方式进行了调查。（关注大学城大学生消费状况，把握大学生消费的心理特征、行为和结构，引导在校大学生最终走向健康消费。）

二、调查目的

1. 调查当代大学生的实际消费与自身条件之间的联系及冲突；
2. 调查当代大学生消费的合理规划性、理性、成熟性；
3. 调查当代大学生消费结构、主要消费项目、消费心态及各人心目中理想的消费状况。
4. 实地调查之后做出分析总结规划，能够真实反映广州大学生消费状况，为大学生消费提供合理的参考方案。
5. 倡导"节约型校园文化"。当然作为调查人员的我们要从自身做起，并影响到周围的同学。深层次地讲，通过调查并对结果的发布，希望结果能令当代大学生发人深省，意识到合

理消费的重要性，这对形成我们正确的人生观价值观起到重要作用，合理理财更对整个社会消费有不可忽视的影响力。

三、问卷及采访概况

随机问卷调查。当场发卷填写，并当场收回。共发出调查问卷各 100 份，有效问卷 92 份。发放时，我们以广东药学院、广州中医药大学、华南理工大学、广东工业大学大学、广东外语外贸大学、中山大学、华南师范大学、星海音乐学院、广州大学、广州美术学院的学生为调查对象，随机发放，基本上做到了男女生 1:1 的比例发放。

四、问卷的内容

问卷内容包括消费结构和消费理念两大部分，问题大致包括：月消费额及消费项目、消费方式、购物态度和理念以及消费的自我满意度等。

五、数据统计与分析

1. 学生月生活费支出

表1 大学生每月生活费支出情况

每月基本消费	分布状况
400 元以下	20.65%
400～600 元	42.39%
600～800 元	23.91%
800～1000 元	8.69%
1000 元以上	3.26%
合计	99.99%

从调查结果可知，月消费总额贫富差距大。大学生总体的月消费额主要集中在 400 元～800 元这一幅度，月消费多于 1000 元的比较少，而贫困生的消费额基本是少于 400 元，占据了 1/5 的比例。贫困生的生活标准和消费能力与普通学生差距相当大。约 93.48% 的同学表示，他们的生活费全部来源于父母，其余同学有过贷款或兼职的经历。

2. 每月的主要消费项目

表2 大学生每月主要消费项目

项目	比例
伙食	91.30%
日常用品	42.39%
通信	31.52%
学习	29.34%
衣服饰品	21.74%
人际交往	10.87%
游玩	8.70%
恋爱支出	6.52%
其他	10.87%

衣服饰品比例 21.74%，说明大学生对服装消费的档次越来越高，男生买衣服的宗旨是不买则已，要买就买质量好的、价格高的；女生买衣服则总是买个不停，只要自己喜欢的都会买回来，不喜欢了，马上就不穿了。

学习比例 29.34%。说明学生买书的花销不在少数，尤其在考证、考研上。此外，课外补习班的学费并非小数，英语班、考研班、过级班等。大学生买书看书以提示自我的现象存在，但仅限于少数。

恋爱比例 6.52%。大学生恋爱支出主要在吃饭、零食、逛街、泡吧娱乐、通信等方面，礼品消费是恋爱消费中绝对的"大头"，逢年过节（情人节、圣诞节等）或是俩人过生日及特殊的纪念日，恋人之间必要互送礼物，此项花费少则几十元，多则数百元。

人际来往比例 10.87%。各种形式的聚会成为在校大学生消费的一个重点。对于同学之间花钱请客，大部分同学认为偶尔可以，但不要太频繁。调查发现，几乎所有学生每学期都要参加 3 到 9 次各类同学聚会。这部分消费基本上每学期需要 150～600 元之间。理由多种多样：老乡相识、放假归来、过生日、考试得高分、当了班干部、得了奖学金等都要请客吃上一顿，否则被视为不够交情。另一方面，大一至大三的同学娱乐花销主要用于社团活动等，而大四的同学由于实习工作等原因，其交际开销快速增长。

游玩比例 8.70%。随着旅游的概念进入现代消费，大学生也逐渐有了这方面的花费。大学生活中的团日活动是学生在校内的主要游行活动，也有部分情侣或几个好朋友一起游玩。在大学中，游玩的费用也在逐渐攀升。

3. 个人拥有的物品

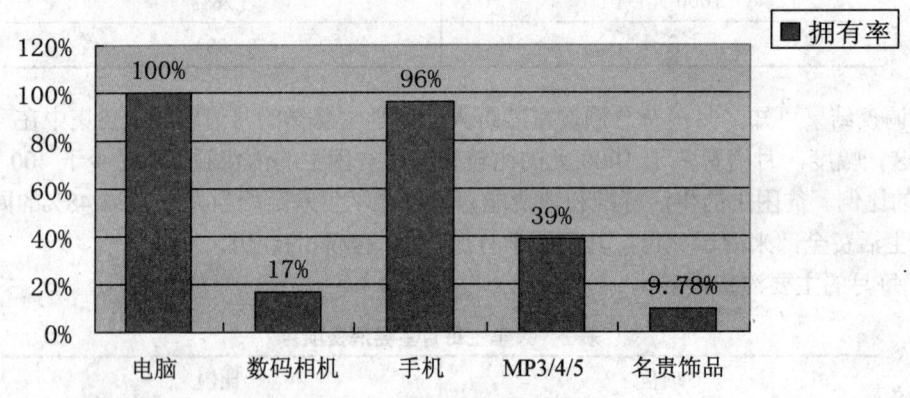

图 1　大学生物品拥有统计

电脑拥有率惊人地达到了 100%，而手机却未能完全普及，21 世纪的网络时代已完全出现在当代大学生活中，这也反映了资源共享对大学生的重要性，也说明大学生相当依赖于网络，宅男宅女的剧增也就不足为奇。数码相机和 MP3/4/5 的拥有率也不算低，体现出大学生还是相对喜欢文娱活动。

4. 消费类型

有过半数的大学生认为自己的消费类型是大众型，即相对理性的消费，不会过于奢侈，也不会吝啬；有 29%的学生认为自己的消费是精打细算型，这一比例较为乐观；有 8%的学生认为自己的消费是不理性的。

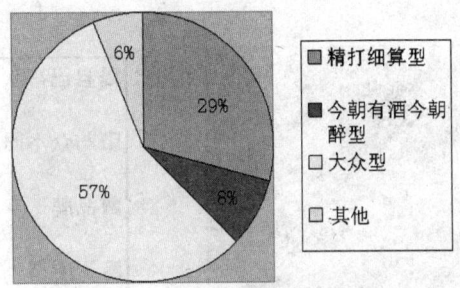

图 2　大学生消费类型统计

5. 月生活费期待值

有 66%被调查学生期望一个月的生活费为 500～800 元，大部分的学生对月生活费的期待值都算正常，12%的学生对月生活费的期待值在 1000 以上。

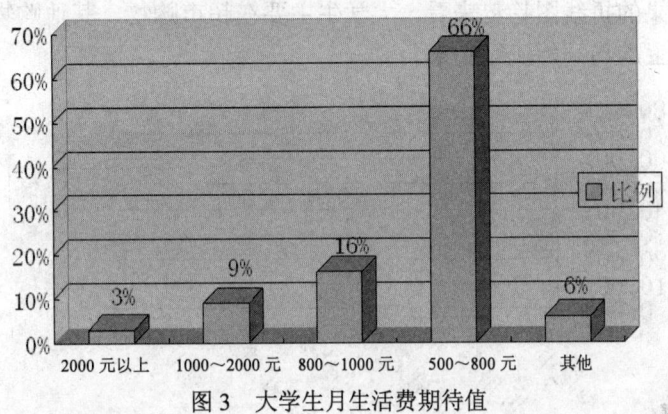

图 3　大学生月生活费期待值

6. 消费满意度

有 45%的被调查学生对自己现在的消费状况表示很满意，而有 32%的学生没考虑过这个问题，即对自己的消费不在乎，有 23%的学生不满意自己的消费现状，这些数据表明当代大学生在消费上存在较大的问题。

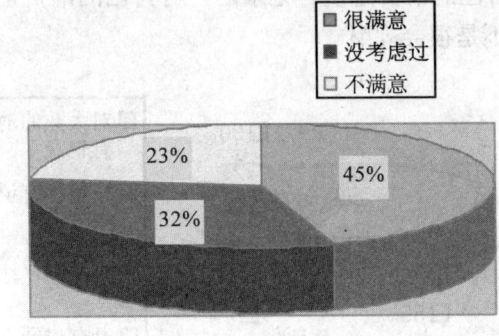

图 4　大学生消费满意度统计

7. 选择物品的标准

75%的被调查学生是根据自己的喜好来选购商品的，其次是品位、品牌。

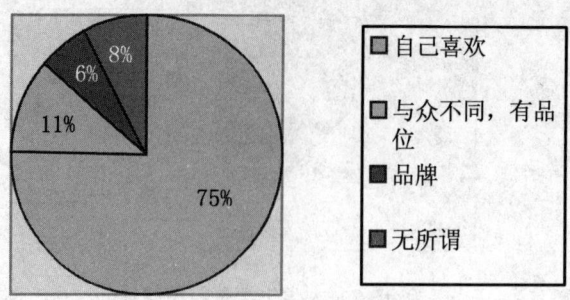

图 5　大学生选择物品的标准

8. 消费方式

从这个统计结果的折线图趋势来看,大学生主要在超市购物,其他购物地点都相差不远,值得注意的是,网上购物开始流行起来。

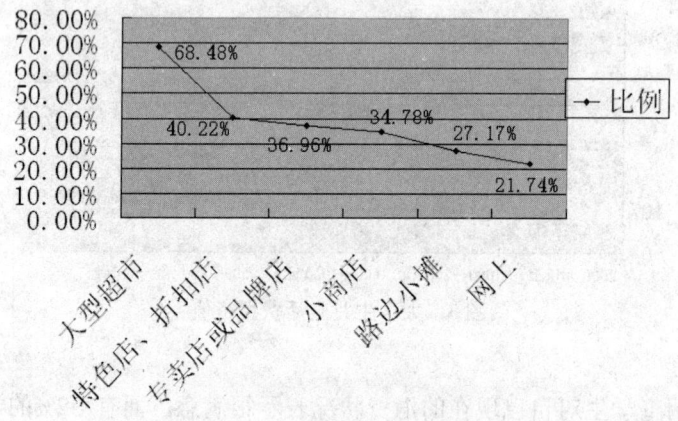

图 6　大学生消费方式统计

9. 消费记录

56%的被调查学生对自己的消费是没有记录的,对自己的消费记录详细的仅占 4%,很明显,绝大部分的大学生都不是很会理财。

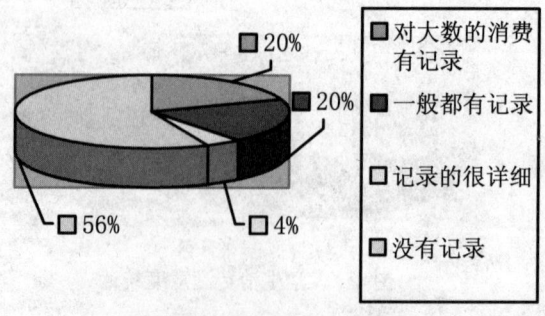

图 7　大学生消费记录习惯统计

10. 买单的方式

不同的情况有不一样的买单方式,过半的被调查学生是根据情况而定,41%的被调查学生常采取 AA 制。

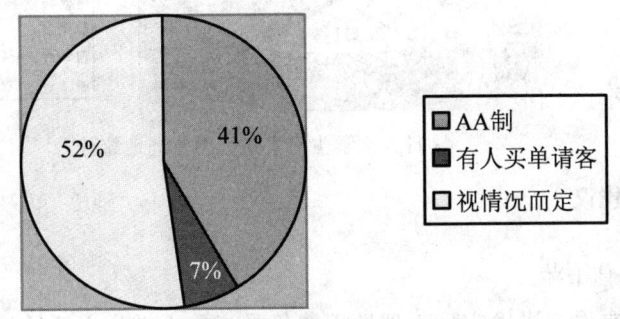

图 8　大学生买单的方式统计

11. 对待花父母钱的态度

44%的学生见此问题时感到心有愧疚,有一半的学生希望以后有所偿还,现在的大学生很有责任感,美中不足的是,有 6%的被调查学生的思想是不太正确的。

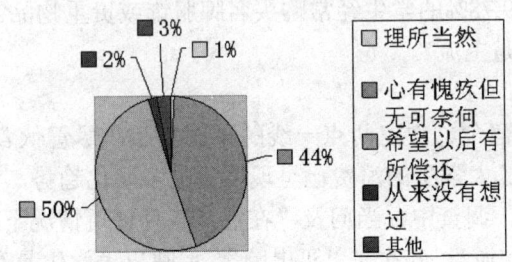

图 9　大学生对待花花父母钱的态度

12. 购买盗版

从图中可以看出很多人还是坚持正版书的,只是受到经济的限制。

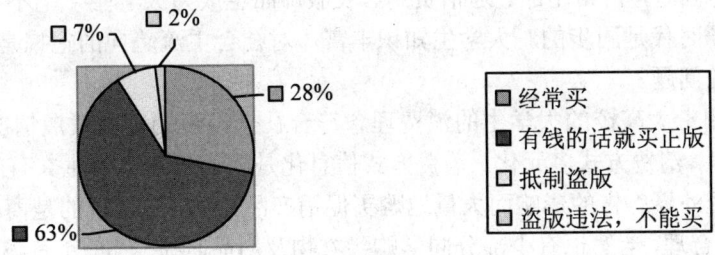

图 10　大学生对盗版商品的购买统计

13. 请人吃饭的首选地

很多人还是选择在学校饭堂或饭馆，不贵，环境又相对较好，适合大学生消费。

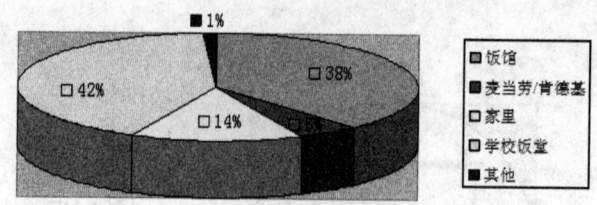

图 11　大学生请人吃饭的首选地统计

六、结论与建议

（一）结论

1. 合理消费是主流

从调查结果来看，讲求实际、理性消费仍是当前大学生主要的消费观念，80.43%的学生在购买商品时最注重的是质量与实用性。因为中国的大学生与国外的不同，其经济来源主要是靠父母资助的占 93.48%，贷款的占 6.52%，勤工俭学的不多，占 8.70%。这使他们每月可支配的钱是固定的，大约在 500~800 元之间，家境较好的一般也不超过 1200 元，而这笔钱主要是用来支付饮食和日常生活用品开销的。由于消费能力有限，大学生们在花钱时往往十分谨慎，力求"花得值"，21.74%的大学生常采取在网上搜寻物美价廉的商品，40.22%的学生常在特色店、折扣店消费，但也有 9.78%的学生经常购买名牌服饰或贵重物品。总体来说，大学生的消费比较理性，合理消费还是主流。

2. 消费方式多元化

如今的大学已不再是宿舍、教室两点一线的单调生活，尽管伙食仍是主要的消费对象，但已不是唯一的消费项目。大学生的消费已呈现明显的多元化趋势，手机、游玩、电脑、影音娱乐是大学生的消费热点。调查中，当问及"在经济条件许可情况下，最想做的事情是什么"时，大部分学生选择了"旅游"，其次是"买电脑"，反映出大学生具有想走出校园、融入社会与自然、拥有高质量生活的渴望。

3. 消费与社会发展同步

随着电信业和IT业的迅猛发展，手机和电脑已经从奢侈品成为大学生必备的消费品。调查数据显示，在被调查的大学生中，100%的学生拥有个人电脑，手机拥有率为 96%，17%的学生拥有数码相机。同时，日常用品、通信费用、衣服饰品也成为大学生一笔不小的开支。这与社会进入网络电子时代是同步的。大学生知识丰富，对社会主流趋向的把握是十分准确的，但是，这也有个度的问题。

总地来说，广州十大高校的大学生的消费理念符合社会经济的整体发展情况，力求合理消费、追求时尚名牌、消费方式多元化、消费方式信息化是我们身边大学生共有的特征。绝大多数的同学不会很受外界广告的影响而大量地购买促销产品，他们更重视的是商品的质量，即是否耐用、价格是否合理，当然也有少部分同学购买衣物及用品时讲求"稀奇有趣、张扬个性"。大部分同学认为"勤俭节约是一种美德，永远不会过时"，这是让人欣慰的。而追求时尚品牌又永远都是一个不老的话题，男女生装扮方面观念相当。消费理念影响着大家消费结构安排的合理性，我们要联系家庭的实际情况，不攀比，不盲从，不冲动，不盲目，针对需要的、必要的进行消费,将钱花在刀刃上、做到精打细算才是正确消费理念塑造的关键步骤。

(二)建议

1. 加强学校教育

通过课堂教育、名师讲座、社团活动、校风建设月等活动,例如,"节约寝室"评比、"无手机日"、向学生宣传"节约型校园"等观念,营造健康和谐的消费文化氛围,培养学生科学的理财观念,养成节约习惯,形成节约风尚。

2. 克服攀比情绪

攀比心理的形成不可避免。但是作为理性的大学生。我们应树立适应时代潮流的、正确的、科学的价值观,逐渐确立正确的人生准则,给自己理性的定位,不能再以"小皇帝"、"小公主"自居。

3. 培养和加强理财能力

现今的大学生需要懂得如何在激烈竞争的社会中生存,所以独立理财能力就成了重中之重。我们需要的不仅仅是脑中有独立的概念,更迫切的是独立的行动和理性的思考。因此,大学生需要养成计划消费的习惯,做到"心中有数,手上有钱",培养储蓄的观念。

4. 形成大学生良好的消费风气

良好校风是学生学习、生活作风的有机组合。其中学生的消费心理和行为是体现学生生活作风的重要部分。一旦良好的消费习惯得到培养和加强,就会对良好校风的塑造起促进作用,并形成校风助学风的良性循环。相信在学校和个人的共同努力下,大学生的消费结构会日趋合理化、科学化。因此,大学生良好消费心理和行为的培养是校园文化建设的重要组成部分,大学生良好的消费心理和行为有助于促进良好生活作风的形成,进而促进良好学风、校风的巩固与发展。

七、附录(略)

(资料来源:梁惠瑛,傅锡鹏. 大学生消费观念调查. 豆丁网. http://www.docin.com/p-143153536.html.2010-06-24)

 课业评价

"市场营销调研报告"撰写评估标准及评估分值见表2-4。

表2-4 "市场营销调研报告"撰写评估标准和评估分值

评估项目 \ 评估标准	课业是否基本完成 评估分值60分	课业是否达到要求 评估分值40分	考评成绩 Σ100
课业4: "市场营销调研报告" 撰写 Σ100	基本完成,得60分 没有基本完成,酌情扣分	1. 内容完整、明确、简洁(10) 2. 综合利用各种表格和图表(15) 3. 拥有调研报告的基本组成部分(15) Σ40,没有达到,酌情扣分	

单元三　分析市场营销环境

现代市场营销学非常重视对市场营销环境的研究,因为任何企业的市场营销活动都不是在真空中进行,而是要受到各种市场营销环境的影响。企业的市场营销战略计划或是适应市场营销环境,使企业的市场营销活动能正常、迅速地展开,或是不适应其环境的要求,遭到挫折或失败。正如组织的环境适应理论所指出的,企业必须随环境的变化而不断改变自己。也就是说,企业应该像生态系统中的机体一样,随环境的不同变迁而作出与之相适应的反应行为,即制定出适应市场营销环境变化的市场营销战略。

 单元任务

通过本单元的 2 项课业训练,学会分析市场营销环境变化的趋势,善于捕捉市场机遇,发现和规避环境的威胁,及时调整营销策略。

要求学生掌握 SWOT 分析的方法、步骤,联系有关项目或资料,拟定市场环境分析报告,即在完成环境因素分析和 SWOT 矩阵的构造后,制订出相应的行动计划。

要求学生掌握投资战略分析—波士顿矩阵分析法的方法、步骤,能熟练运用波士顿矩阵分析法,对资料中的每一个业务单位进行分析并提出明确的投资战略。

 **单元意义**

(一)帮助学生掌握"SWOT 分析法"技能

通过本单元课业训练,使学生能够理解市场营销宏、微观环境的因素及特征,掌握环境威胁分析、机会分析和综合分析方法,能运用 SWOT 分析法进行营销环境分析,并针对不同的营销环境选择对应的营销对策。

(二)帮助学生掌握"波士顿矩阵分析法"技能

通过本单元课业训练,使学生学会使用波士顿矩阵法,对现有业务组合的多个经营业务单位状况进行分析和评估,确定哪些该发展,哪些该维持,哪些应当缩减。目的是最大限度地有效利用现有资源,实现企业整体利益最大化。

投资战略分析技能是必须掌握的。企业拥有的资源总是有限的,战略规划工作必须明确,这决定了企业的长期竞争优势,并将对企业产生持久的影响,进而影响企业主要经营活动的成败。学生掌握了该项技能,将有利于培养其战略规划能力,从而有利于其将来的发展。

 课时安排(6 课时)

本单元把市场营销环境分析及投资战略分析作为课业理论指导,完成以下 2 项综合技能课业的训练,达到本单元实践教学的目标。

课业 5:联系有关项目或资料,完成"SWOT 分析法"的综合技能课业(指导 1 课时,课堂讨论完成课业 2 课时)。

课业 6：联系有关项目或资料，完成"波士顿矩阵分析法"的综合技能课业（指导 1 课时，课堂讨论完成课业 2 课时）。

课业 5　战略环境分析—SWOT 分析法训练

课业目标

通过本课业训练，使学生能够学会运用 SWOT 分析的方法、步骤，联系有关项目或资料，拟定市场环境分析报告，即在完成环境因素分析和 SWOT 矩阵的构造后，制订出相应的行动计划。运用 SWOT 分析法进行战略环境分析，能够分析市场营销环境变化趋势，善于捕捉市场机遇，发现和规避环境的威胁，及时调整营销策略。

理论指导

（一）市场营销环境的内容

市场营销环境的内容既广泛又复杂。不同因素对营销活动各个方面的影响和制约不尽相同，相同的因素对不同的企业所产生的影响和制约也会不同。一般来说，市场营销环境主要包括微观营销环境和宏观营销环境，如图 3-1 所示。

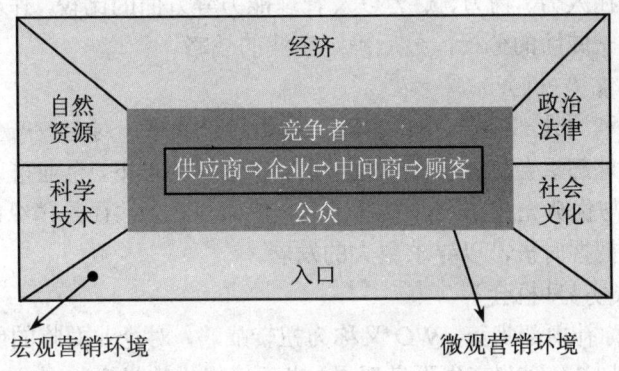

图 3-1　企业市场营销环境

微观营销环境又称直接营销环境，是指与企业紧密相连、直接影响其营销能力的各种参与者，这些参与者包括企业内部因素、供应商、营销中介、顾客、公众以及竞争者。

宏观营销环境又称间接营销环境，是指影响企业微观环境的巨大社会力量，包括人口、经济、政治、法律、社会文化、自然及科技等多方面的因素。

（二）SWOT 分析法

企业战略性营销分析中，流行一种简便易行的"SWOT"分析法。SWOT 分析法（自我诊断方法）是一种能够较客观而准确地分析和研究一个单位现实情况的方法。利用这种方法可以从中找出对自己有利的、值得发扬的因素，以及对自己不利的、如何去避开的东西，发现存在的问题，找出解决办法，并明确以后的发展方向。根据这个分析，可以将问题按轻重缓急分类，明确哪些是目前急需解决的问题,哪些是可以稍微拖后一点的事情,哪些属于战略目标上的障碍,哪些属于战术上的问题。它很有针对性,有利于领导者和管理者在单位的发展上做出较正确的决策和规划。

1. SWOT 分析概述

(1) 企业内部因素的优势(Strengths),即"S",它是指一个企业超越其竞争对手的能力,或者指公司所持有的能提高公司竞争力的东西。如技术技能优势、有形资产优势、无形资产优势、人力资源优势、组织体系优势、竞争能力优势等。

(2) 企业内部因素的劣势(Weaknesses),即"W",它是指某种公司做得不好或缺少的东西,或指某种会使公司处于劣势的条件。如缺乏具有竞争意义的技能技术;缺乏有竞争力的形资产、无形资产、人力资源、组织资产;关键领域里的竞争能力正在丧失等。

(3) 外部环境中的机会(Opportunities),即"O",它是指影响公司战略的重大外部因素。如客户群扩大或产品市场细分;市场需求增长强劲,可快速扩张;出现向其他地理区域扩张、扩大市场份额的机会等。

(4) 外部环境中的威胁(Threats),即"T",它是指在公司的外部环境中存在着的某些对公司的盈利能力和市场地位构成威胁的因素。如出现将进入市场的强大新竞争对手、替代品抢占公司市场份额、主要产品市场增长率下降、汇率和外贸政策的不利变动、社会消费方式的不利变动、市场需求减少等。

2. 运用 SWOT 分析法

运用"SWOT"方法不仅可以分析本企业的实力与弱点,还可以用来分析主要竞争对手。通过企业与竞争对手在人力、物力、财力以及管理能力等方面的比较,作出企业的优势-劣势的对照表,结合机会-威胁的分析,最后确定企业的战略。

(1) SO 策略(优势+机会)

依靠内部优势,利用外部机会。SO 有时又称为增长战略,对企业产生杠杆效应。杠杆效应产生于内部优势与外部机会相互一致和适应时。在这种情形下,企业可以用自身内部优势撬起外部机会,使机会与优势充分结合并发挥出来。然而,机会往往是稍纵即逝的,因此企业必须敏锐地捕捉机会、把握时机,以寻求更大的发展。

(2) WO 策略(劣势+机会)

利用外部机会,弥补内部劣势。WO 又称为扭转战略,对企业面临的威胁采取影响与控制的措施,以阻止或减小它对企业产生不良后果。当环境提供的机会与企业内部资源优势不相适合或者不能相互重叠时,企业的优势再大也得不到发挥。在这种情形下,企业就需要提供和追加某种资源,以促进内部资源劣势向优势方面转化,从而迎合或适应外部机会。

(3) ST 策略(优势+威胁)

利用内部优势,规避外部威胁。当环境状况对公司优势构成威胁时,优势得不到充分发挥,出现优势不优的脆弱局面。在这种情形下,企业必须克服威胁,以发挥优势。

(4) WT 策略(劣势+威胁)

减小内部劣势,规避外部威胁。WT 又称为防御战略,当企业内部劣势与企业外部威胁相遇时,企业就面临着严峻挑战,如果处理不当,就可能直接威胁到企业的生死存亡。

SWTO 分析法不仅仅列出四项清单,而是通过评价公司的优势、劣势、机会、威胁,对 SO、WO、ST、WT 进行甄别和选择,并最终得出结论,即在公司现有的内外部环境下,如何更好地运用自己的资源，以及如何建立公司的未来资源。

 课业任务

要求学生把SWOT分析法运用于营销实践，联系下列资料，为某炼油厂进行SWOT分析，并拟定一份市场环境分析报告。

资料：

某炼油厂是我国最大的炼油厂之一，至今已有50多年的历史。目前已成为具有730万吨/年原油加工能力，能生产120多种石油化工产品的燃料－润滑油－化工原料型的综合性炼油厂。该厂有6种产品获国家金质奖，6种产品获国家银质将，48种产品获114项优质产品证书，1989年获国家质量管理奖，1995年8月通过国际GB/T19002-ISO9002质量体系认证，成为我国炼油行业首家获此殊荣的企业。

该厂研究开发能力比较强，能以自己的基础油研制生产各种类型的润油。当年德国大众的桑塔纳落户上海，它的发动机油需要用昂贵的外汇进口。1985年厂属研究所接到任务后，立即进行调研，建立实验室。在短短的一年时间内，成功地研究出符合德国大众的公司标准的油品，拿到了桑塔纳配套用油的认可证，1988年开始投放市场。以后，随着大众公司产品标准的提高，该厂研究所又及时研制出符合标准的新产品，满足了桑塔纳、奥迪的生产和全国特约维修点及市场的用油。

但是，该炼油厂作为一个生产型的国有老厂，在传统体制下，产品的生产、销售都由国家统一配置，负责销售的人员只不过是作些记账、统账之类的工作，没有真正做到面向市场。在向市场经济转轨的过程中，作为支柱型产业的大中型企业，主要产品在一定程度上仍受到国家的宏观调控，在产品营销方面难以适应竞争激烈的市场。该厂负责市场销售工作的只有30多人，专门负责润滑油销售的就更少了。

上海市的小包装润滑油市场每年约2.5万吨，其中进口油占65%以上，国产油处于劣势。之所以造成这种局面，原因是多方面的。一方面在产品宣传上，进口油全方位、大规模的广告攻势可谓是细致入微。到处可见有关进口油的灯箱、广告牌、出租车后窗玻璃、代销点柜台和加油站墙壁上的宣传招贴画，还有电台、电视台、报纸广告和新闻发布会、有奖促销、赠送等各种形式。而国产油在这方面的表现则是苍白无力，难以应对。另外，该厂油品过去大都是大桶散装，大批量从厂里直接售了，供应大企业大机构，而很少以小包装上市，加上销售点又少，一般用户难以买到经济实惠的国产油，而只好使用昂贵的进口油。

（1）工作任务1：根据该炼油厂的上述情况，利用SWOT方法进行分析，用图形进行演示和演讲。

（2）工作任务2：拟定一份该炼油厂的市场环境分析报告。分析报告要做到：主题明确，结构合理，突出重点，能熟练应用SWOT分析方法解决实际问题；提出明确的发展战略。

操作指导

SWOT分析法实际上是对企业内外部条件各方面内容进行综合和概括，进而分析组织的优劣势、面临的机会和威胁的一种方法。其中，优劣势分析主要是着眼于企业自身的实力及其与竞争对手的比较，而机会和威胁分析将注意力放在外部环境的变化及对企业的可能影响上，但是，外部环境的同一变化给具有不同资源和能力的企业带来的机会和威胁却可能完全不同，因此，两者之间又有紧密的联系。SWOT 分析法的步骤如下：

（一）罗列企业的优势（S）与劣势（W），可能的机会（O）与风险（T）

1. 把识别出的所有优势分成两组，分的时候应以下面的原则为基础：看看它们是与行业中潜在的机会有关，还是与潜在的威胁有关。

2. 用同样的方法把所有劣势分成两组。一组与机会有关，另一组与威胁有关。

（二）优势（S）、劣势（W）与机会（O）、威胁（T）相组合，形成 SO、ST、WO、WT 策略

1. 建构一个表格，每个占 1/4，如图 3-2 所示。

企业外部因素 \ 企业内部因素	优势（S）	劣势（W）
机会（O）	SO战略	WO战略
威胁（T）	ST战略	WT战略

图 3-2　SWOT 矩阵示意图

2. 把公司的优势和劣势与机会和威胁配对，分别放在每个格子中。SWOT 表格表明公司内部的优势和劣势与外部机会和威胁的平衡。

在此过程中，将那些对组织发展有直接的、重要的、大量的、迫切的、久远的影响因素优先排列出来，而将那些间接的、次要的、少许的、不急的、短暂的影响因素排列在后面。

3. 对 SO、ST、WO、WT 策略进行甄别和选择，确定企业目前应采取的具体战略与策略。

在完成环境因素分析和 SWOT 矩阵的构造后，便可以制订出相应的行动计划。制订计划的基本思路是：发挥优势因素，克服弱点因素，利用机会因素，化解威胁因素；考虑过去，立足当前，着眼未来。运用系统分析的综合分析方法，将排列与考虑的各种环境因素相互匹配起来并加以组合，得出可选择对策。

 课业范例

某食品加工企业生产食用油脂，一直以生产散装油为主。随着市场竞争的激烈和消费需求的变化，其经营越来越困难。于是，该企业利用 SWOT 方格分析法进行分析，结果如图 3-3 所示。

企业外部因素 \ 企业内部因素		优势（S） 1. 本地市场有地理优势 2. 政府支持 3. 设备、经验有优势	劣势（W） 1. 富余人员多 2. 激励机制不完善 3. 缺乏市场竞争意识
机会（O）	小包装油将快速发展	SO 战略：利用企业优势开发小包装油	WO 战略：强化销售，将工资业绩挂钩
威胁（T）	食用油将从计划走向市场	ST 战略：利用优势向周边市场扩张	WT 战略：深化企业体制改革

图 3-3　某食品加工企业的 SWOT 分析

1. SO 战略：利用企业优势开发小包装油，并在价格策略上采取渗透价格，抢占市场。
2. WO 战略：为强化销售，把 2/3 的职工推向市场，其工资与销售业绩挂钩，大大激发了职工销售热情，也在一定程度上改变了"干多干少一个样"的陋习。
3. ST 战略：利用自己的设备和经验优势，向周边市场扩张。
4. WT 战略：深化企业体制改革，组建销售公司。

（资料来源：吴宪和，任毅沁.市场营销实验实训教程.南京：东南大学出版社，2007）

课业评价

"战略环境分析－SWOT 分析法训练"课业的评估标准及评估分值见表 3-1。

表 3-1　"战略环境分析－SWOT 分析法训练"评估标准和评估分值

评估项目 \ 评估标准	课业是否基本完成 评估分值 60 分	课业是否达到要求 评估分值 40 分	考评成绩 ∑100
课业 5： 战略环境分析－SWOT 分析法训练 ∑100	基本完成，得 60 分 没有基本完成，酌情扣分	1. 机会与威胁、优势和劣势分析正确（20） 2. SWOT 分析图正确绘制（10） 3. 提出明确的战略与策略（10） ∑40，没有达到，酌情扣分	

课业 6　投资战略分析—波士顿矩阵法分析训练

课业目标

通过本课业训练，让学生了解波士顿矩阵法在分析和评估现有业务组合方面的作用。学生通过对波士顿矩阵法应用的了解，掌握运用波士顿矩阵分析制订投资战略的方法和步骤，并由此完成投资战略分析报告。

理论指导

（一）波士顿矩阵法简介

波士顿矩阵是由波士顿咨询集团（Boston Consulting Group，BCG）在 20 世纪 70 年代初开发的。BCG 矩阵将组织的每一个战略事业单位标在一种二维的矩阵图上，从而显示出哪个战略事业单位提供高额的潜在收益，以及哪个战略事业单位是组织资源的漏斗。BCG 矩阵的发明者、波士顿公司的创立者布鲁斯认为"公司若要取得成功，就必须拥有增长率和市场分额各不相同的产品组合。组合的构成取决于现金流量的平衡。"

波士顿矩阵通过市场增长率和市场占有率两个维度对业务单位进行分析。

横坐标表示相对市场份额，表示各项业务或产品的市场占有率和该市场最大竞争者的市场占有率之比。比值为1就表示此项业务是该市场的领先者。

纵坐标为市场成长率（销售增长率），表明各项业务的年销售增长率。具体坐标值可以根据行业的整体增长而定。

图中圆圈表示企业现有的各项不同的业务或产品，圆圈的大小表示它们销售额的大小，圆圈的位置表示它们的成长率和相对市场份额所处的地位。

通过分析不同的业务单位在矩阵中的不同位置，可以将业务单位分解为4种业务组合，详见图3-4所示。

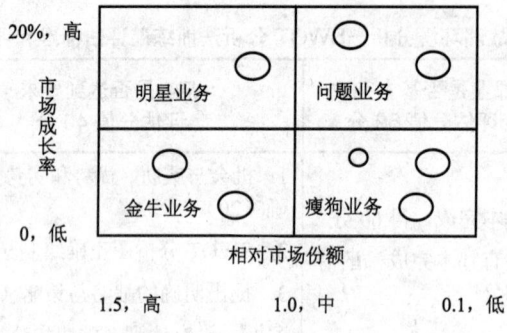

图3-4 波士顿矩阵示意图

区域图中的四个象限分别代表四类不同的业务单位：

1. 问题型业务（Question Marks，指高增长、低市场份额）

处在这个位置中的是一些投机性产品，带有较大的风险。这些产品可能利润率很高，但占有的市场份额很小。这通常是一个公司的新业务，为发展问题业务，公司必须建立工厂，增加设备和人员，以便跟上迅速发展的市场，并超过竞争对手，这些意味着大量的资金投入。"问题"非常贴切地描述了公司对待这类业务的态度，因为这时公司必须慎重回答"是否继续投资，发展该业务？"这个问题。只有那些符合企业发展长远目标、企业具有资源优势、能够增强企业核心竞争力的业务才得到肯定的回答。得到肯定回答的问题型业务适合于采用战略框架中提到的增长战略，目的是扩大该业务单位市场份额，甚至不惜放弃近期收入来达到这一目标，因为问题型要发展成为明星型业务，其市场份额必须有较大的增长。得到否定回答的问题型业务则适合采用收缩或放弃战略。

2. 明星型业务（Stars，指高增长、高市场份额）

这个领域中的产品处于快速增长的市场中并且占有支配地位的市场份额，是否会产生正现金流量取决于新工厂、设备和产品开发对投资的需要量。明星型业务是由问题型业务继续投资发展起来的，可以视为高速成长市场中的领导者，它将成为公司未来的现金牛业务。但这并不意味着明星业务一定可以给企业带来源源不断的现金流，因为市场还在高速成长，企业必须继续投资，以保持与市场同步增长，并击退竞争对手。企业如果没有明星业务，就失去了希望，但群星闪烁也可能会闪花企业高层管理者的眼睛，导致做出错误的决策。这时必须具备识别行星和恒星的能力，将企业有限的资源投入到能够发展成为现金牛的恒星上。同样地，明星型业务要发展成为现金牛业务适合于采用增长战略。

3．金牛型业务（Cash Cows，指低增长、高市场份额）

处在这个领域中的产品产生大量的现金，但未来的增长前景是有限的。这是成熟市场中的领导者，是企业现金的来源。由于市场已经成熟，企业不必大量投资来扩展市场规模，同时作为市场中的领导者，该业务享有规模经济和高边际利润的优势，因而给企业带来大量现金流。企业往往用现金牛业务来支付账款并支持其他三种需大量现金的业务。强现金牛业务适合采用战略框架中提到的稳定战略，目的是保持该类业务的市场份额。弱现金牛业务则采用收缩策略战略。

4．瘦狗型业务（Dogs，指低增长、低市场份额）

这个领域中的产品既不能产生大量的现金，也不需要投入大量现金，这些产品没有希望改进其绩效。一般情况下，这类业务常常是微利甚至是亏损的，瘦狗型业务存在的原因更多的是由于感情上的因素，虽然一直微利经营，但像人养了多年的狗一样恋恋不舍而不忍放弃。其实，瘦狗型业务通常要占用很多资源，如资金、管理部门的时间等，多数时候是得不偿失的。劣狗型业务适合采用战略框架中提到的收缩战略，目的在于出售或清算业务，以便把资源转移到更有利的领域。

（二）确定企业的投资战略

1．增长战略。目标是提高业务的市场占有率，必要时可放弃短期目标。该战略适用于"明星"类业务和有希望的"问题"类业务。

2．保持战略。目标是保持业务的市场占有率。该战略适用于"金牛"类业务。

3．收缩业务。目标是尽可能多地在有关业务上获取短期效益。该战略适用于前途黯淡的弱"金牛"类业务，对于有的"问题"类和"瘦狗"类业务也适用。

4．放弃业务。通过变卖或处理某些业务单位，把有限的资源用于其他效益较高的业务单位。该战略主要适用于"瘦狗"类业务或者无发展前途的"问题"类业务。

课业任务

荣达集团拥有 5 种产品，2012 年有关数据如表 3-2 所示。

表 3-2 荣达集团 2012 年业务资料

产品	销售额（亿元）	最大竞争对手的销售额（亿元）	市场增长率（%）
A	1.5	0.5	4
B	3.0	0.6	12
C	1.6	0.8	20
D	0.35	0.7	2
E	0.25	1.0	18

1．工作任务 1：假设你是荣达集团发展规划部经理，请你运用波士顿咨询集团的方法，以绘图说明的形式，对公司的产品组合进行投资分析，并指明投资策略。

2．工作任务 2：请你撰写一份投资战略分析报告，分析报告要做到：主题明确；结构合理；突出重点；能熟练应用波士顿矩阵分析法对每一个业务单位进行分析；提出明确的投资战略。

 **操作指导**

（一）运用波士顿矩阵分析制订投资战略的步骤

1. 调查企业的业务单位。
2. 将每个业务单位根据市场成长率（销售增长率）和市场相对占有率运用波士顿矩阵表示出来。
3. 对不同象限的每一个业务单位进行详细分析。
4. 制订业务组合计划，确定各个业务单位的投资战略。

（二）投资战略分析报告的结构

投资战略分析报告一般由以下几部分组成：

1. 题目。确定主题以便确定所要收集的资料及其具体内容。
2. 正文
（1）前言：背景介绍或者说明撰写目的。
（2）运用波士顿矩阵表示各业务单位的状况。
（3）分析每个业务单位。
（4）制订业务组合计划。
3. 结论。确定企业的投资战略。

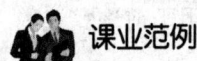 **课业范例**

和达集团的投资战略分析

上海和达汽车零部件有限公司是由某国内上市公司与外商合作的生产汽车零部件的企业。公司于1996年正式投产，配套厂海大众发、一汽大众、上海通用、东风柳汽、吉利、湖南长风武等。和达公司的主要产品分成五类，一是挤塑和复合挤塑类（密封嵌条、车顶饰条等）；二是滚压折弯类（车门导槽、滑轨、车架管）；三是普通金属焊接类（汽车仪表板横梁模块）；四是激光焊接类（镁合金横梁模块）；五是排档杆类（手动排档总成系列）。

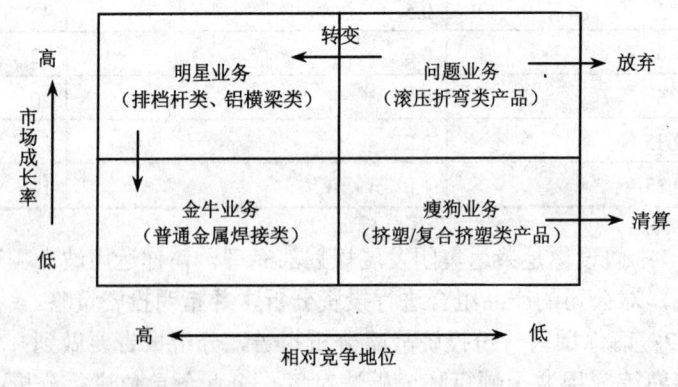

图3-5 和达公司产品波士顿矩阵分析

一、和达公司产品的投资战略分析

（一）问题型业务（Question Marks，指高增长、低市场份额）

处在这个领域中的是一些投机性产品。这些产品可能利润率高，但占有的市场份额很小。公司必须慎重回答"是否继续投资业务？"这个问题。只有那些符合企业发展长远目标、企业具有资源优势、能够增强企业核心竞争力的业务才得到肯定的回答。从和达公司的情况来看，滚压折弯类产品由于技术含量不高、滥低，未来市场竞争程度必然加剧。所以对于这类产品最好就是舍弃。由于目前还能带来利润，不必迅速退出，只要目前持必要的市场份额，公司不必再增加投入。当竞争对手大量增加时，可以舍弃。

（二）明星型业务（Stars，指高增长、高市场份额）

这个领域中的产品处于快速增长的市场中，并且占有支配地位份额，但也许不会产生正现金流量。但因为市场还在高速成长，企业必须继续投资，以保持与市场同步增长，并击退竞争对手。对于和达公司来说，铝横梁的真空电子束焊接系统是国内第一家，具有技术上的领先优势。因此企业应该加大对这一产品的投入，以继续保持技术上的领先地位。对于排档杆类产品，由于国内在这个领域的竞争程度还不太激烈，因此可以考虑进入。和达公司应该把这类产品作为公司的明星业务来培养，要加大对这方面的资金支持。在技术上应充分利用和寻找国外已具有同等类似产品的厂商进行合作。

（三）现金牛业务（Cash Cows，指低增长、高市场份额）

处在这个领域中的产品产生大量的现金，但未来的增长前景是有限的。由于市场已经成熟，企业不必大量投资来扩展市场规模。同时作为市场中的领导者。该业务享有规模经济和高边际利润的优势，因而给企业带来大量现金流。对于和达公司来说，其普通金属焊接类产品即是现金牛类产品。由于进入市场的时机较早，产品价格不错，每年能够给企业带来相当的利润。因此对于和达公司来说，对于金属焊接类产品，应该保持住目前的市场份额，把从这个产品中获取的利润投入到铝横梁和排档杆的产品中去。

（四）瘦狗型业务（Dogs，指低增长、低市场份额）

这个领域中的产品既不能产生大量的现金，也不需要投入大量现金，这些产品没有希望改进其绩效。瘦狗型业务通常要占用很多资源，多数时候是得不偿失的。对于和达公司来说，普通塑料异型挤出和异型体复合挤出类产品因设备陈旧等原因，在国内已落后于主要竞争对手。从公司战略的角度出发，应该不断对这一块进行收缩，不必再投入更大的精力和财力，而要逐渐把注意力集中在激光焊接和排档杆的业务上去。

二、结论

通过运用波士顿矩阵分析，使和达公司明确了产品定位和发展方向，对企业投资的选择起到了举足轻重的作用。但波士顿矩阵仅仅是一个工具，问题的关键在于要解决如何使企业的产品品种及其结构适合市场需求的变化，只有这样企业的生产才有意义。同时，如何将企业有限的资源有效地分配到合理的产品结构中去，以保证企业收益，是企业在激烈竞争中能否取胜的关键。

（资料来源：根据网络资料改编）

课业评价

"投资战略分析—波士顿矩阵法分析训练"课业的评估标准及评估分值见表3-3。

表 3-3 "投资战略分析—波士顿矩阵法分析训练"评估标准和评估分值

评估项目 \ 评估标准	课业是否基本完成 评估分值 60 分	课业是否达到要求 评估分值 40 分	考评成绩 Σ100
课业 6： "投资战略分析—波士顿矩阵法分析训练"Σ100	基本完成，得 50 分 没有基本完成，酌情扣分	1. 波士顿矩阵图制作规范（20） 2. 业务单位类型判断正确（10） 3. 投资战略正确分析（20） Σ50，没有达到，酌情扣分	

单元四 制定目标市场营销战略

世界上任何一个企业，不论其资源如何雄厚，都不可能满足整个市场的需求，更何况每个顾客对任何一种产品的需求都是不同的。因而有人称现代营销战略的核心是 STP 营销，即市场细分、目标市场选择和市场定位。

目标市场营销不仅是对消费群体的细分化，它还要求根据目标对象提出产品的细分功能。所以，在很多情况下，针对同一品牌的不同特性，广告可能在一个细分市场上强调某个特性，而在另一个细分市场上则强调其他优点。目标市场的营销哲学就是不要企图满足所有人的所有需求。一个企业、一个品牌只要能满足一部分人的一部分需求，并且坚持不断地改进、迎合时代的变迁，就是成功。

 单元任务

通过本单元 3 项课业训练，更好地理解目标市场营销战略理论，较全面地掌握市场开发分析技能，实现课程教学目标。

要求学生把所学的"市场细分"、"目标市场选择"、"市场定位"理论运用于市场开发的营销实践，联系有关项目或资料，对产品的市场开发项目进行可行性分析，在实践运用中理解目标市场战略理论，掌握市场开发分析的基本技能。

要求学生完成 2 项基本技能训练，即"市场细分表"设计与分析和"市场定位图"设计与分析。在此基础上，以小组为单位完成约 5000 字的《市场开发分析报告》撰写任务。

要求学生在"目标市场营销战略"技能培养的课业训练中，增强各项通用能力，对"分析判断能力"、"应变适应能力"进行重点培养。

 **单元意义**

（一）帮助学生理解"目标市场营销战略"的重要作用

通过本单元课业训练，使学生能够把目标市场营销战略理论运用到市场开发营销实践中，理解目标市场营销战略运用是否得当对企业把握经营机遇、选择正确营销策略、有效开发市场具有重要作用。目标市场营销战略研究有助于企业选择市场，是制定营销策略的依据和前提，有助于企业形成竞争优势。

（二）帮助学生掌握"市场开发分析"技能

通过本单元课业训练，使学生能够掌握市场细分、市场选择、市场定位等技能。学生能够运用"市场细分表"，根据消费者需求的差异性，选用一定的标准，将整体市场划分为需求上大体相似的若干个细分市场。在此基础上，选择具有一定规模的、能够进入的、可以盈利的一个或几个细分市场作为自己的目标市场。能够运用"产品定位图"，根据消费者对产品的偏爱标准及竞争者的市场定位状况，确定企业产品特色，来形成竞争优势和展示企业形象。

掌握市场开发分析技能对学生将来能否胜任市场营销工作是至关重要的。市场开发是企业非常重要的经营业务，需要很强的实践能力和创新能力。同时，掌握市场开发技能也能为学生将来自己创业奠定必要的业务基础。

课时安排（6课时）

本单元把目标市场营销战略作为课业理论指导，完成以下2项基本技能课业和1项综合技能课业的训练，达到本单元实践教学的目标。

课业7：联系有关项目或资料，完成"市场细分"设计与分析的基本技能课业（指导1课时，课堂讨论完成课业1课时）。

课业8：联系有关项目或资料，完成"市场定位图"设计与分析的基本技能课业（指导1课时，课堂讨论完成课业1课时）。

课业9：在以上2项基本技能完成基础上，完成《市场开发分析报告》综合技能课业（指导2课时，课外完成课业）。

课业7　"市场细分表"设计与分析

课业目标

通过本课业训练，使学生能够掌握市场细分和目标市场选择的基本技能。学生能够根据消费者需求差异的有关资料，选用有关的细分标准，独立设计市场细分表，并能进行正确分析，为市场开发分析打下基础。通过市场细分，企业易于发现未被满足的消费需求，寻找到市场的空白，正确地选择目标市场。

理论指导

（一）市场细分概念

市场细分就是指企业根据消费者之间需求的差异性，将整体市场划分为若干个消费者群的市场分类过程。每一个消费者群就是一个细分市场，也被称作"子市场"。每一个细分市场内的消费者都具有相同或相似的需求特征，而不同细分市场之间却表现为明显的需求差异。

（二）市场细分依据

市场细分的依据是整体市场存在消费者需求差异，而企业资源有限。由于消费者所处的地理环境、社会环境及自身的教育、心理因素是不同的，他们对产品的价格、质量、款式、服务等的要求也不尽相同，存在消费需求的差异性。而企业由于受到自身资源的限制，不可能向市场提供能够满足一切需求的产品和服务。为了有效地进行竞争，企业必须进行市场细分，选择最有利可图的目标细分市场，集中企业资源，制定有效的竞争策略，以取得和增加竞争优势。

（三）市场细分的作用

通过市场细分，有利于企业分析、发掘新的市场营销机会；有利于企业有效制定市场营销组合；有利于提高企业的竞争力。

(四)市场细分的标准和方法

消费品市场的细分标准可以概括为地理因素、人口统计因素、心理因素和行为因素四个方面,每个方面又包括一系列的细分变量,如表4-1所示。

表4-1 消费品市场细分标准及变量一览表

细分标准	细分变量
地理因素	地理位置、城镇大小、地形、地貌、气候、交通状况、人口密集度等
人口因素	国籍、种族、年龄、性别、职业、收入、民族、宗教、教育、家庭人口、家庭生命周期等
心理因素	生活方式、性格、购买动机、态度等
行为因素	购买时间、购买数量、购买频率、购买习惯(品牌忠诚度)、对服务、价格、渠道、广告的敏感程度等

(五)市场细分的原则

市场细分是企业选择目标市场和设计营销组合的基础与前提。要想成功、有效、实用地进行市场细分,必须遵循下列四条基本准则:可衡量性、可盈利性、可进入性、可持续性(稳定性)。

(六)目标市场选择

企业在划分好细分市场之后,可以进入既定市场中的一个或多个细分市场。目标市场选择是指估计每个细分市场的吸引力程度,并选择进入一个或多个细分市场。

 课业任务

要求学生把市场细分理论运用于营销实践,联系有关项目或资料,根据消费差异的地理标准、人口标准、心理标准和行为标准划分市场,设计"市场细分表",并对要选择的一个或几个细分市场进行分析,确定企业的目标市场。

(一)工作任务1:根据地理因素细分物流行业消费者。分4步骤完成。
1. 将物流行业的市场按照地区分成不同的地理区域单位。
2. 将物流行业的市场按照城乡分成不同的地理区域单位。
3. 将物流行业的市场按照人口密度分成不同的地理区域单位。
4. 将物流行业的市场按照气候分成不同的地理区域单位。

(二)工作任务2:根据人口细分物流行业消费者。分4步骤完成。
1. 将物流行业的市场按照人口年龄结构划分。
2. 将物流行业的市场按照性别划分。
3. 将物流行业的市场按照家庭人口及生命周期划分。
4. 将物流行业的市场按照收入划分。

(三)工作任务3:根据心理细分物流行业消费者。分3步骤完成。
1. 将物流行业的消费者按照所处社会阶层划分。
2. 将物流行业的消费者按照个性划分。
3. 将物流行业的消费者按照生活方式划分。

(四)工作任务4:根据行为细分物流行业消费者。分3步骤完成。
1. 将物流行业的消费者按照购买的准备阶段划分。

2. 将物流行业的消费者按照使用量划分。

3. 将物流行业的消费者按照对产品品牌的忠诚度划分。

（五）工作任务5：假定一家物流企业对要选择的一个或几个细分市场进行分析，为该企业确定目标市场。

操作指导

（一）"市场细分表"表式

市场细分表的格式分为两栏式、三栏式、多栏式等，多栏式表格如表4-2所示。

表4-2　***消费品市场细分表

地区	性别	年龄	职业	收入	购买量	品牌偏好
重庆	男性	0～7岁	男婴 男童	依靠父母	大量 一般	明显 不明显
		8～23岁	小学男生 中学男生 大学男生	依靠父母	大量 一般 少量	明显 不明显
		24～40岁	服务业男性 制造业男性 机关事业单位男性	1500以下 1500～3000 3000以上	大量 一般 少量	明显 不明显
		40岁以上	职业男性 退休男性	1500以下 1500～3000 3000以上	大量 一般 少量	明显 不明显
	女性	0～7岁	女婴 女童	依靠父母	大量 一般	明显 不明显
		8～23岁	小学女生 中学女生 大学女生	依靠父母	大量 一般 少量	明显 不明显
		24～40岁	服务业女性 制造业女性 机关事业单位女性	1500以下 1500～3000 3000以上	大量 一般 少量	明显 不明显
		40岁以上	职业女性 退休女性	1500以下 1500～3000 3000以上	大量 一般 少量	明显 不明显

（二）"市场细分表"设计步骤

根据市场细分理论，掌握市场细分的标准、原则和方法，联系具体市场或有关项目资料，进行"市场细分表"的设计。

1. 确定整体市场的范围

依据项目开发需要，确定整体市场的范围。整体市场的确定具有"相对性"，针对自己所进入的市场情况来确定整体市场的范围。

2. 确定市场细分标准

根据具体项目要求，选择一定的细分标准来设计"市场细分表"。一般来说，消费者市场的细分标准常用的有：区域、性别、年龄、职业、收入、使用情况、品牌偏好情况。

3．制作"市场细分表"

根据确定的市场细分标准制作"细分表格"，填入有关数据和市场资料。所确定的细分标准填入横向表格第一行。细分标准的填入注意次序排列，一般来说应这样排列：区域、性别、年龄、职业、收入、使用情况、品牌偏好情况。

根据具体资料，依据所列细分标准次序完成细分表格的资料填入，表示各细分市场的具体情况。

（三）"市场细分表"分析

1．在"市场细分表"上已展示出整体市场划分的若干个细分市场，能够辨识具体的细分市场。

2．依据"市场细分表"上展示出的细分市场进行初步选择，对所初选的细分市场进行标号命名。

3．根据市场需求状况和企业营销实力现状，正确选择企业准备进入哪些细分市场，并分析选择的理由。初选细分市场分析可以从"市场规模"、"市场成长性"、"盈利性"、"风险性"方面着手。

4．细分市场选择的数量一般根据企业的营销目标与营销实力来确定，中小企业选择细分市场不宜太多、范围太大。

 课业范例

表 4-3 "爱丽丝"化妆笔细分市场初选分析

地区	年龄	职业	收入	使用情况	品牌偏好
北京	16～23	女学生	依靠父母	用量一般	不明显
	20～40	服务业女职工	800～1200	大量	明显
		企业女职工	1200～1800		
		高薪高职女性	1800～2500		
	40岁以上	职业妇女	1000～2500	少量	明显
		退休妇女	1000以下		
上海	16～23	女学生	依靠父母	用量一般	不明显
	20～40	服务业女职工	800～1200	大量	明显
		企业女职工	1200～1800		
		高新高职女性	1800～2500		
	40岁以上	职业妇女	1000～2500	少量	明显
		退休妇女	1000以下		
西安	16～23	女学生	依靠父母	少量	不明显
	20～40	服务业女职工	400～600	大量	明显
		企业女职工	600～800		
		高薪高职女性	800～1200		
	40岁以	职业妇女	600～1200	少量	明显
		退休妇女	800以下		

根据北京、上海、西安三地的调查情况看，三地的化妆笔使用群体存在明显差异，在《市场细分表》上可以把全国化妆笔市场大致分为三类，对它们的分析如下。

1. "女学生"市场评估

全国在校的高中及大中专院校的女生共计 3814 万左右，是一个很大的化妆笔市场，但进入学生化妆笔市场的风险较大。这个消费群体的收入主要来自父母，购买力具有不稳定性；这个消费群体具有很高的成长性，一个品牌一旦被接受，品牌市场份额急速扩大，但学生都有很强的猎奇心理，也不会轻易归宿于一种品牌；这个市场的盈利率是不确定的，学生消费能力有限，还受社会时尚的影响较大。三地学生在生活方式、文化教育上存在较大差异，地区消费差异性大。通过对三地的调研，爱丽丝要进入学生化妆笔市场难度较大。

2. "20～40 岁职业妇女"市场评估

全国 20～40 岁的妇女共有工 1.8 亿人。其中，城市占 30%，约 5,400 万人，该市场规模巨大，据三地调研结果显示，这一年龄段购买者占整个化妆笔市场购买者的 70%，以服务业女职工、企业女职工和高薪高职女性为主。这一市场成长性好。她们具有一定的购买能力，对品牌偏好和新产品灵敏的反应性强。这个市场盈利性好。消费者有固定的收入来源，有强烈的品牌意识，有档次划分的内在心理需求。为此，进入这个市场风险小，企业打入这一市场后，无论产品的品种、档次差异有多少，都能找到较合适的买主。

3. "40 岁以上妇女"市场评估

我国 40 岁以上的妇女大约 1.5 亿左右，城市妇女占 30%，约 4,500 万，也是个很大的消费市场。这个消费群体"重功能，轻品牌"，她们比较看中产品功能，要得到实惠，企业在她们身上不易获得高额的利润。40 岁以上的女性往往都有某一种或某几种自己认为比较适合的品牌。为此，这个市场的成长性较差，市场不易开拓。这个市场的产品档次跨度大，高收入的职业女性购买的商品要求上档次的，低收入者对价格的考虑是第一位的，档次的划分则次之。为此，企业很难适应档次差异的悬殊，企业盈利具有不确定性，进入这一市场有一定的风险。

4. 分析结论

根据上述细分市场的分析及本公司提供的市场销售资料，"爱丽丝"化妆笔的细分市场应选择如下：

细分市场（1）：类似西安的中型城市，年龄在 20～40 岁之间，从事各类职业，收入在 800 元以下，使用量较大，品牌偏好不明显的女性消费群体。

细分市场（2）：类似西安的中型城市，年龄在 20～40 岁之间，从事各类职业，个人收入在 1000～1800 元之间，使用量较大，品牌偏好不明显的女性消费群体。

细分市场（3）：经济发达的大型城市，年龄在 20～40 岁的女性消费群体。

（资料来源：秩名. http://wenku.baidu.com.2011-09-01.）

课业评价

"市场细分表设计与分析"课业的评估标准及评估分值见表 4-4。

表 4-4 "市场细分表"设计与分析评估标准和评估分值

评估项目 \ 评估标准	课业是否基本完成 评估分值 60 分	课业是否达到要求 评估分值 40 分	考评成绩 ∑100
课业 7: "市场细分表"设计与分析 ∑100	基本完成,得 60 分 没有基本完成,酌情扣分	1. 细分标准的完整性(10) 2. 细分标准的正确性(10) 3. 细分表制作的规范性(5) 4. 市场细分正确分析和选择(15) ∑40,没有达到,酌情扣分	

课业 8 "市场定位图"设计与分析

课业目标

通过本课业训练,使学生认识到市场定位在市场营销中的重要作用。学生通过掌握市场定位的基本技能,能够根据消费者对产品的偏好标准和竞争对手的产品定位,独立设计"市场定位图",并进行产品定位分析。正确的市场定位有利于企业深入地了解消费者的需求,制定营销组合策略,在此基础上制定的产品策略、价格策略、分销策略和促销策略才具有针对性。

理论指导

(一)市场定位概念

所谓市场定位,就是根据竞争者现有产品在市场上所处的位置,针对消费者或用户对该种产品的某种特征或属性的重视程度,强有力地塑造出本企业与众不同的、给人印象鲜明的个性或形象,并通过一套特定的营销组合把这种形象动地传递给顾客,影响顾客对该产品的总体感觉。简而言之,就是在客户心目中树立独特的形象。

(二)市场定位的内容

市场定位并不是你对一件产品本身做些什么,而是你在潜在消费者的心目中做些什么。市场定位的实质是通过为自己的产品创立鲜明的特色或个性,使本企业与其他企业严格区分开来,使顾客明显感觉和认识到这种差别,从而在顾客心目中占有特殊的位置。对产品的市场进行定位的依据很多,包括产品属性、特色、价格和质量、用途或使用方式,以及目标顾客群的个性和类型等。目前,主要分为以下几个方面:

1. 产品定位。侧重于产品实体定位,如产品的质量、成本、特征、性能、成分、构造、款式等。

2. 企业定位。包括企业形象塑造、品牌、员工能力、知识、言表、可信度等。

3. 竞争定位。即确定企业相对于竞争者的市场位置。如七喜汽水在广告中称它是"非可乐"饮料,暗示其他可乐饮料中含有咖啡因,对消费者健康有害。

4. 消费者定位。即确定企业的目标顾客群。

（三）市场定位的作用

市场定位是制定营销策略的依据，能有助于树立企业及产品的市场特色。

（四）有效定位的标准

1. 清晰度。在阐述目标市场与差别优势时，必须使用清楚明白的词语，复杂的表述让人难以记住，一些简洁的话语却让人过目不忘，例如，"农夫山泉有点甜"清晰又容易记。

2. 一致性。人们每天都会受到信息的轰炸，在这种喧嚣中，信息有必要始终不变。如果今年定位"服务的质量"，明年又换成"产品的卓越表现"，这样很容易让人混淆。

3. 可信度。企业选择的差别优势必须让目标顾客觉得可信。

4. 竞争性。差异性服务必须具备竞争优势，为顾客提供竞争对手无法提供的有价值的服务。

（五）市场定位的步骤

企业市场定位的全过程可以通过以下三大步骤来完成：第一步，识别潜在竞争优势；第二步，对企业核心竞争优势定位；第三步，制定发挥核心竞争优势的战略。

（六）市场定位的策略

1. 填补定位。这是一种避开强有力的竞争对手的市场定位。即企业力图避免与实力最强的或较强的其他企业直接发生竞争，而将自己的产品定位于另一市场区域内，使自己的产品在某些特征或属性方面与最强或较强的对手有比较显著的区别。其优点在于，能使企业较快地在市场上站稳脚跟，并能在消费者或用户中树立形象，风险小。其缺点在于，避强往往意味着企业必须放弃某个最佳的市场位置，很可能使企业处于最差的市场位置。

2. 对抗定位。这是一种与在市场上占据支配地位、与最强竞争对手"对着干"的定位方式。即企业根据自身的实力，为占据较佳的市场位置，不惜与市场上占支配地位的、实力最强的竞争对手发生正面竞争，而使自己的产品进入与对手相同的市场位置。如可口可乐与百事可乐之间的不断争斗，麦当劳与肯德基之间的竞争等。这种定位策略优点在于，在竞争过程中往往相当惹人注目，甚至产生所谓轰动效应，企业及其产品可以较快地为消费者或用户所了解，易于达到树立市场形象的目的。缺点是具有较大的风险性。

3. 并列定位。是指企业将产品定位在现有竞争者的产品附近，服务于相近的顾客群，以同类同质产品满足同一个目标市场。采用此策略有一定的风险，但一旦成功就会取得巨大的市场优势，因为这个市场部分肯定是最有利可图的部分。

4. 重新定位。这是对销路少、市场反应差的产品进行二次定位。因为公司在选定了市场定位目标后，如定位不准确或虽然开始定位得当，但市场情况发生变化时，如遇到竞争者定位与本公司接近，侵占了本公司部分市场，或由于某种原因，消费者或用户的偏好发生变化，转移到竞争者方面时，就应考虑重新定位。重新定位是以退为进的策略，目的是实施更有效的定位。

 课业任务

要求学生把市场定位理论运用于营销实践，联系下列资料，为某物流公司进行市场定位图的设计，并对此设计进行分析。

资料：

迅捷物流公司是一家具有较大规模、较强实力的公司，是以长沙为中心，辐射全国的专业公路运输企业。长期以来，公司本着"安全快捷，重守诚信，适价经营，完善服务"的经营理念和良好的企业信誉，在最大可能地降低物流管理成本的前提下，为客户提供优质、高效的服务，得到了广大客户的普遍认可和一致赞誉。迅捷物流公司领导层在经营战略上，以其科学的决策、务实的作风、团结合作的精神以及先进技术，形成了一整套较为科学的管理经验；在物流行业的实践中，发挥自身优势，结合行业特点，逐步完善了一整套严谨的经营管理制度。

根据企业的调查，客户对物流公司最关注的是"价格"高低"和"服务"好坏。服务质量的高低直接关系到客户间的再合作、无形资产的扩大化和品牌信誉度，并且从长远考虑，有利于增加企业的经济效益和综合效益；其次，服务人员的素质影响着企业文化的深入，经营管理和企业的经营理念，当然从客户角度而言，服务人员的素质好，能够积极响应和配合客户的要求，提高工作效率。

迅捷物流的潜在优势包括两方面：价格优势和服务特色优势。在同样的条件下，即企业为客户提供最优的服务，客户所要支付的费用将比同行业的竞争者低廉，既满足了客户"物美价廉"的需求，又为企业赢得了良好的信誉。企业的宗旨是用最低的成本提供最优的服务。

据统计，在长沙物流市场主要有4个物流公司，其市场分别是大唐、申通、圆通、顺风。大唐公司在市场上服务与价格没有成正比，价格过高，服务中等。圆通公司不论在价格或是服务质量方面都做得很好，价格适中，服务优秀，市场范围巨大，但公司获得的利润较其他的要低。顺风公司价格最高，服务优秀，然而消费者所需的服务较低，市场狭小，效益较低。申通公司在市场中服务良好，价格合理，市场范围较大。

（1）工作任务1：根据消费者对"物流"的偏好标准及竞争者的市场定位状况，绘制"市场定位图"。

（2）工作任务2：确定企业产品的市场定位。根据市场竞争状况，准确判定自己企业的竞争优势所在，选择合适的定位策略，进行正确的市场定位。

操作指导

（一）"市场定位图"图式

图4-1是根据市场定位理论，联系某企业市场开发项目而设计的"市场定位图"。定位图表明H家电生产厂准备进入电冰箱市场。通过市场调查分析，了解到消费者对产品最为关注的是功能多少和价格高低；又了解到这一市场上已有A、B、C三个生产厂家，其产品的市场定位位置如图所示。"市场定位图"以矩阵表为基础设计，图中圆圈表示竞争对手产品的定位位置与本企业产品的定位位置；圆圈的大小表示有关企业占有的市场份额大小。

（二）"市场定位图"设计步骤

第一步：调查影响市场定位的因素。

1. 竞争对手的市场定位状况。要了解竞争者产品市场定位，产品的特色是什么，在顾客心目中的形象如何，衡量竞争者在市场中的竞争优势。

2. 目标顾客对产品的评价标准。要了解购买者对所要购买的产品的最大愿望和偏好，以及他们对产品优劣的评价标准是什么。不同产品的评价标准是不同的。一般来说，消费者主要关心的是产品功能、质量、价格、款式、服务、节电、低噪音等。

3. 企业的潜在竞争优势。 一般地说，竞争优势有两种形式：一是在同样条件下比竞争者价格更低，从而在价格上具有竞争优势；二是可以提供更多的产品、具备更多的特色，可以更好地满足顾客需求，从而在产品特色上具有竞争优势。

第二步：确定产品定位的依据

在对消费者调查的基础上，确定产品定位的依据。一般来说，产品定位的因素有产品功能、质量、价格、款式、服务、环保等。

根据消费者对产品评价最关注的因素，根据这些定位因素的不同组合，可以绘制不同的定位图。为分析方便，采用价格和功能两个变量组合确定的平面定位图，如图 4-2 所示。

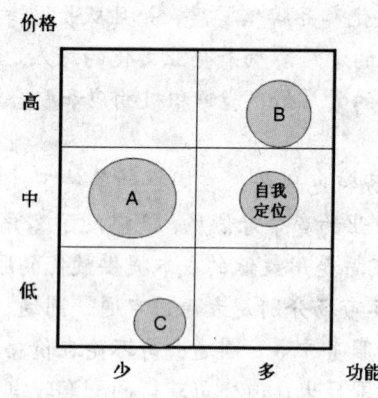

图 4-1　市场定位图图式

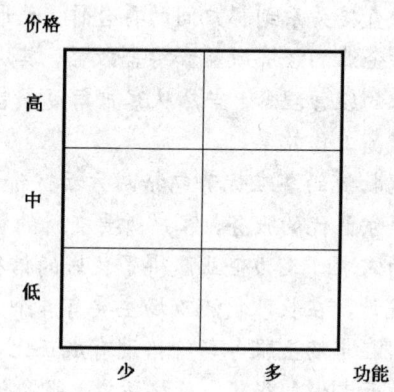

图 4-2　确定定位图的定位因素

第三步：明确市场竞争状况。

在对竞争者调查、分析的基础上，把现有竞争者的定位情况在定位图上标示出来，如图 4-3 所示。图中三个圆圈表示三家竞争对手，A 企业生产的是中等价格、较少功能的产品，市场规模最大；B 企业生产的是高价、多功能的产品，市场规模一般；C 企业生产的是低价、少功能的产品，市场规模最小。

第四步：确定企业产品的市场定位。

企业根据市场、竞争状况，准确判定企业的竞争优势所在，选择合适的定位战略，进行正确的市场定位，如图 4-4 所示。图中 H1、H2、H3 表示三种可能的市场定位方案。值得注意的是，企业的产品定位方案只能选择其中一种。

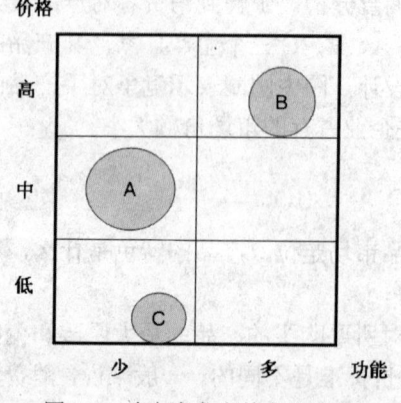

图 4-3　确定竞争者的定位情况

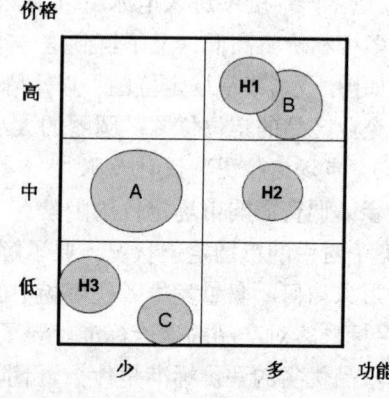

图 4-4　确定企业产品的定位方案

(三)"市场定位图"分析

1. 运用"填补定位"策略,采用"H2"定位方案

填补定位可以避开竞争,迅速在市场上站稳脚跟,并能在消费者或用户心目中迅速树立一种形象。这种定位方式风险较小,成功率较高,常常为多数企业所采用。

如果本企业能以较低的成本,生产出高质量的产品,运用"填补定位策略",应该采用 H2 定位方案,在这个市场上没有竞争对手,有利于企业成功。

填补定位应注意:①研究市场的空白处是因为没有潜在的需求,还是竞争对手无暇顾及;②如果确定存在潜在需求,就要考虑这一市场部分是否有足够的需求规模,是否足以使企业有利可图;③要客观地考虑企业的营销管理能力是否能胜任市场部分的开发,自身是否有足够的技术开发能力去提供足够的产品。

2. 运用"并列定位"策略,采用"H3"定位方案

并列定位有一定的风险,但不少企业认为这是一种更能激励自己奋发向上的可行的定位尝试,一旦成功就会取得巨大的市场优势,因为这个市场部分肯定是最有利可图的部分。

如果本企业实力有限的话,则可以采用"并列定位策略",即采用 H3 定位方案,在这个市场上,竞争对手力量也很有限,有利于小企业成功。

并列定位注意的是必须知己知彼,尤其应清醒估价自己的实力,不一定试图压垮对方,只要能够平分秋色就是巨大的成功。

3. 运用"对抗定位"策略,采用"H1"定位方案

对抗定位的目的在于企业准备扩大自己的市场份额,决心并且有能力击败竞争者。

如果市场上对优质高价电冰箱需求量较大,且本企业具有比 B 企业更强的实力,及开发出更好的产品的优势,运用"对抗定位策略",应该采用 H1 定位方案。

对抗定位注意在以下情况中采用:①实力比竞争者雄厚。所谓实力,是指企业的产品开发、科研、销售、筹资、广告、宣传、形象战略诸方面的综合体现。②企业所选择的目标市场区域已经被竞争者占领,而且不存在与之并存的可能,企业有把握赢得市场。

4. 运用"重新定位"策略,重新采用"新"方案

重新定位需要根据具体变化的情况以及企业的设计情况重新制定新方案,进行重新定位。

重新定位注意有以下情况采用该方案:①企业的经营战略和营销目标发生了变化;②企业面临激烈的市场竞争;③目标顾客的消费需求发生变化了。

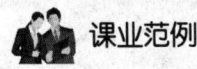 课业范例

大学校园 DIY 冰激凌市场定位分析

1. 项目背景

大学校园里多数为 18 到 24 岁的学生。据有关调研显示:学生的生活费因家庭经济条件的不同而不同。但男女同学的生活费都集中在一定的区间内。相对于女生,男生的生活开销相对多一点。不同生活费水平购买冰激凌的次数不同,女生相对于男生频率又稍微高一点。男女生对冰激凌口味的偏好大致相同。

酷乐 DIY 冰激凌产品品种多样化,可提供给广大学生顾客不同的选择。消费者可以自己动手选择不同的口味、样式,解暑的同时收获了自己的搭配成果。与校园店铺相比,其价格更

便宜，质量更有保障，具有更多品种选择。

酷乐 DIY 冰激凌刚刚进入校园市场，我们作为学生经营者没有经营经验。与校园商店相比，没有可供选择的品牌，没有忠实的消费者，需要从头开始。

但校园市场是潜力巨大的目标市场。往往学生一旦喜欢上 DIY，就容易成为这种商品的忠实顾客；加上同学们之间口口相传，市场应该发展较快。学校及政府给我们大学生创业提供了一个很好的平台，加之我们自身的知识水平与辅导老师的协助，成功率将大大提高。

冰激凌的消费季节性比较明显，夏季是旺季。目前正值春末夏初，正是创业的好时机。

2．市场定位图设计

校园商店的解暑产品品种比较多，其中饮料居多。对于学生消费者而言，品牌冰激凌价格比较贵，同学们更乐于接受相对于校园商店更低价格的冰激凌。同学们还喜欢多样式、多口味搭配，甚至喜欢自己动手组合所选冰激凌。

酷乐 DIY 冰激凌在价格上占绝对的优势，同时产品具有品种多、可选择的优势。对于喜欢新奇的大学生而言是一个很好的选择，定能满足他们对冰激凌不同口味、不同样式的需求。

"酷乐 DIY 冰激凌"大学校园市场定位图见图 4-5。

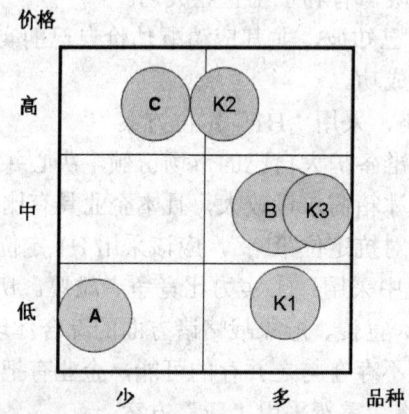

图 4-5　"酷乐 DIY 冰激凌"大学校园市场定位图

在图中，A 代表旺旺碎碎冰、矿泉水等低价解暑产品；B 代表各种饮料、雪糕等产品；C 代表和路雪、蒙牛、伊利等品牌冰激凌。K 代表酷乐 DIY 冰激凌的定位方案。

3．市场定位图分析

"市场定位图"显示，我们的选择主要有以下 3 种：

（1）填补定位 K1：针对学生消费的特点，设置价位相对较低的冰激凌产品，而且品种相对于校园商店更多。

（2）并列定位 K2：高等价位，品种更多，利润更丰厚，但目前我们初入市场，尚无品牌效应，高价格恐难保持。

（3）对抗定位 K3：这是最有利可图的市场。设置中等价格，多品种选择，但该市场竞争太过激烈，我们的实力不如竞争者。

综上分析，酷乐 DIY 冰激凌的市场定位方案宜采用的是"填补定位"策略。即避开市场已有竞争对手，将产品定位在目标市场空白部分，能够迅速在市场上站稳脚跟，并能在消费者心目中迅速树立新的品牌。这一方案风险较小，成功率较高。而且我们也有提供低价多品种冰激凌经营的能力,大学校园也有足够的需求规模,能够达到我们的经营目标。为此,酷乐 DIY 冰激凌的市场定位是正确、可行的。

———根据营销学生作业改编

课业评价

"市场定位图设计与分析"课业的评估标准及评估分值见表 4-5。

表 4-5 "市场定位图设计与分析"评估标准和评估分值

评估标准 评估项目	课业是否基本完成 评估分值 60 分	课业是否达到要求 评估分值 40 分	考评成绩 Σ100
课业 8: "市场定位图设计与分析"设计与分析 Σ100	基本完成,得 60 分 没有基本完成,酌情扣分	1. 定位图制作规范性(10) 2. 定位位置的正确性(10) 3. 产品定位正确分析(20) Σ40,没有达到,酌情扣分	

课业 9 "市场开发分析报告"撰写

课业目标

通过本课业训练,使学生能够认识市场开发分析的重要作用。掌握《市场开发分析报告》的撰写步骤和撰写内容,调动学生在项目可行性分析中的学习兴趣,充分发挥学生的分析能力、创造能力。市场开发分析有利于企业提高销售能力和获利能力,还有利于企业产品的正确定位,增强市场竞争力,使企业处于有利的竞争位置。

理论指导

(一)市场细分

1. 市场细分依据

市场细分的依据是整体市场存在消费者需求差异而企业资源有限。由于消费者所处的地理环境、社会环境及自身的教育、心理因素是不同的,他们对产品的价格、质量、款式、服务等的要求也不尽相同,存在消费需求的差异性。而企业由于受到自身资源的限制,不可能向市场提供能够满足一切需求的产品和服务。为了有效地进行竞争,企业必须进行市场细分,选择最有利可图的目标细分市场,集中企业资源,制定有效的竞争策略,以取得和增加竞争优势。

2. 市场细分的标准和方法

消费品市场的细分标准可以概括为地理因素、人口统计因素、心理因素和行为因素四个方面,每个方面又包括一系列的细分变量,如表 4-6 所示。

表 4-6　消费品市场细分标准及变量一览表

细分标准	细分变量
地理因素	地理位置、城镇大小、地形、地貌、气候、交通状况、人口密集度等
人口因素	国籍、种族、年龄、性别、职业、收入、民族、宗教、教育、家庭人口、家庭生命周期等
心理因素	生活方式、性格、购买动机、态度等
行为因素	购买时间、购买数量、购买频率、购买习惯（品牌忠诚度）、对服务、价格、渠道、广告的敏感程度等

3．市场细分的原则

市场细分是企业选择目标市场和设计营销组合的基础与前提。要想成功、有效、实用地进行市场细分，必须遵循下列四条基本准则：可衡量性、可盈利性、可进入性、可持续性（稳定性）。

（二）目标市场选择

企业在划分好细分市场之后，可以进入既定市场中的一个或多个细分市场。目标市场选择是指估计每个细分市场的吸引力程度，选择进入一个或多个细分市场。

1．目标市场评估

企业要选择哪些细分市场作为自己的目标市场，必须要对这些细分市场进行评估。具体评估内容有：①细分市场的规模和发展潜力；②细分市场的结构吸引力；③企业的目标和能力。

2．目标市场选择模式

企业在对不同细分市场分析后，就必须对进入哪些细分市场做出决策。目标市场的选择模式有五种：市场集中化、产品专业化、市场专业化、选择性专业化和全面覆盖化，如图 4-6 所示。

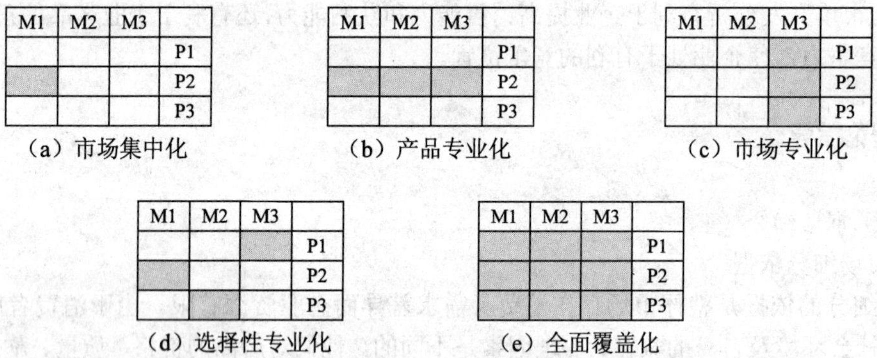

（a）市场集中化　　（b）产品专业化　　（c）市场专业化

（d）选择性专业化　　（e）全面覆盖化

图 4-6　目标市场选择模式示意图（M 为市场，P 为产品）

3．目标市场营销策略

选择目标市场营销策略，明确企业应为哪一类客户服务，满足他们的哪一种需求，是企业在营销活动中的一项重要策略。可供企业选择的目标市场营销策略主要有：无差异营销策略、差异性营销策略、集中性营销策略。上述三种策略各有利弊，各自适用于不同的情况，企业到底采取哪一种策略，应综合分析产品、市场状况和企业自身特点等多方面的因素予以决定。影响企业目标市场策略的因素主要包括企业实力、产品属性、市场特点、产品周期和竞争者策略五个方面。

（三）市场定位

1．市场定位实质

市场定位并不是你对一件产品本身做些什么，而是你在潜在消费者的心目中做些什么。市场定位的实质是通过为自己的产品创立鲜明的特色或个性，使本企业与其他企业严格区分开来，使顾客明显感觉和认识到这种差别，从而在顾客心目中占有特殊的位置。对产品的市场进行定位的依据很多，包括产品属性、特色、价格和质量、用途或使用方式，以及目标顾客群的个性和类型等。

2．市场定位的步骤

企业市场定位的全过程可以通过以下三大步骤来完成：第一步，识别潜在竞争优势；第二步，对企业核心竞争优势定位；第三步，制定发挥核心竞争优势的战略。

3．市场定位的策略

对产品进行定位可以考虑不同的策略，每种策略都有利弊。市场定位的主要策略有：填补定位策略、对抗定位策略、并列定位策略、重新定位策略。

课业任务

要求学生能够与小组成员合作，选择一项适合在大学校园内经营的项目，如餐饮店、书店、超市等。根据小组确定的市场开发项目，运用市场细分、目标市场选择、市场定位原理和技术，撰写《市场开发分析报告》，完成小组创业项目分析，论证该项目的投资开发是否可行。其中，对目标市场的获利性分析（即项目损益分析）是教师指导重点，撰写格式也要给予指导。

操作指导

（一）《市场开发分析报告》撰写程序

1．开展调查、收集资料

（1）第二手资料收集。查找项目开发指向的行业和企业的营销信息、统计报表、销售报表、财务报表、经营计划等资料。

（2）第一手资料收集。通过市场实地走访、观察等调查形式，对项目开发进入的地区（商圈）环境进行实地调查，收集有关资料。

2．营销环境和机会分析

对收集的行业、消费者、竞争者、企业状况等各项资料进行系统整理，予以正确分析。从市场调查分析中把握项目开发环境的客观状况，为项目开发提供依据。环境与机会分析要求"明了"、"准确"。

3．对项目进行分析

项目开发决策是建立在项目的可行性分析上的，因此项目开发需要分析，具体要求如下：

（1）分析的指导性。项目开发要求运用目标市场战略理论进行分析。根据消费需求差异进行市场细分，划分出若干个细分市场。根据目标市场选择要求，对细分市场进行分析，选择好目标市场。根据市场定位要求，依据消费者评价标准和市场竞争状况，确定本企业产品的市场地位，形成产品特色，树立企业形象。

（2）分析的多维性。项目开发的可行性分析内容是多方面的。需要对项目的"目标市场"、"选址环境"、"项目损益"、"经营定位"进行分析。

（3）分析的原则性。项目开发的可行性分析强调实事求是、客观可行、集思广益。在课业训练中，应该与同学、老师多商榷，听取不同意见，对分析方案多修改，使分析趋于成熟和完善。

4．提出项目分析结论

项目开发可行性分析的目的在于通过对项目开发进行客观、全面、可行的分析，作为项目投资可行与否的结论，为决策提供科学依据。这一步骤是项目开发分析的结果，报告人应该对项目的可行与否表明自己的态度，这是整个项目分析的核心内容。

5．《市场开发分析报告》撰写

项目开发可行性分析结果最终要形成一份书面报告。报告的撰写要做好以下准备：

（1）了解撰写内容和结构。报告内容要求以前期的市场营销调研为分析基础，对项目开发的目标市场、选址环境、项目损益、经营定位等进行客观、准确的分析。报告的结构一般分为封面、前言、目录、正文和附录五个部分。

（2）案头资料及时准备。报告撰写要有写作资料，把搜集到的市场资料、小组讨论材料、个人分析意见及时汇总起来，整合为项目分析报告所需的材料。

（3）撰写时间合理安排。基本写作资料已经具备，需要安排时间完成初稿；再经过整体修改、校对；设计封面、前言、目录，整理应列的附录；最后打印装订，一份完整的项目分析报告就完成了。这些撰写环节都需要一定时间，因此要求合理安排，尤其是小组课业更要求明确分工，相互配合，前后衔接，保证在规定的期间内完成课业任务。

（二）《市场开发分析报告》撰写内容

1．项目的目标市场分析

（1）市场商机分析。对项目指向的市场状况进行分析，对消费者需求、竞争对手状况进行客观、重点分析，从而论证本项目是否具有开发的价值，是否具有发展空间。

（2）目标市场分析。采用"市场细分表"进行目标市场选择。确定本项目的目标顾客是哪些对象，对这些目标顾客的基本情况和消费购买特点进行分析，论证目标市场的选择是否正确。

2．项目的选址环境分析

对项目的选址环境分析主要有三方面内容：道路交通分析；购买量分析；竞争状况分析。如果是店铺选址，则要确定所选店铺的具体地址和方位，一般要求设计店铺选址的方位示意图，这样可以对店铺的选址一目了然。

3．项目的经营损益分析

项目损益分析一般考虑投资期为5~8年以上。具体损益分析可以参考本课业范文进行指导。项目损益分析分为以下7个部分：

（1）月营业额计算。对项目开业后的营业额进行估算，应考虑消费人群的购买量，计算出月营业收入。

（2）合适店铺面积估算。根据预估的日营销收入指标来确定合适的店铺面积，营业收入才能得到保证。可以考虑行业的日营业收入指标，如超市平均每天每平方米营业额指标为90元，便利店为120元。但还要注意其他因素的制约影响，如店铺所在的区域地段好坏、租金高低,来确定日营业额指标。详见课业范文。

$$店铺面积 = 日营业收入 \div 日营业额指标$$

(3) 月经营费用估算。经营费用可分为固定费用与变动费用两类。固定费用是指与营销收入变动没有直接关系的费用支出,如房租、装修分摊费、设备折旧费、水电费、人员工资、管理费等。变动费用是指与营销收入变化有直接关系的费用支出,如运杂费、保管费、商品损耗、营业税等。可参考课业范文。

(4) 项目损益预算。项目损益预算是分析重点,是投资决策的主要依据。以商业项目损益分析为例,首先要计算销售毛利,根据销售毛利再估算月经营损益、年经营损益、5年经营损益。计算过程如下:

① 预计月销售毛利 = 营业收入 × 毛利率(如便利店的毛利率一般考虑20%)
② 预计月经营利润 = 销售毛利 − 变动费用 − 固定费用
③ 预计年经营利润 = 月经营损益 × 12
④ 预计5年经营利润(不考虑资金时间价值) = 预计年经营利润 × 5

(5) 投资风险估算。投资风险估算主要是对投资安全进行分析,以商业项目为例,一般采用"经营安全率"估算方法。经营安全率是衡量店铺经营状况的重要指标,一般测定的标准为:安全率在30%以上为优秀店;20%~30%为优良店;10%~20%为一般店;10%以下为不良店。首先要计算出"损益平衡点销售额",再据此估算"经营安全率"。

① 估算损益平衡点销售额。损益平衡点是指经营收入与支出相等时的营业额,超过此点,店铺即有盈利;低于此点即表示亏损。

$$损益平衡点(月)销售额 = \frac{固定费用}{毛利率 - 变动费用率}$$

② 估算经营安全率。

$$经营安全率 = 1 - \frac{损益平衡点销售额}{预期销售额}$$

(6) 项目资金估算。项目资金估算也可称为启动资金预算,估算一个项目开发所需投资总额为多少。以开店为例,用于开店所需的投入资金主要有以下内容:①房租,一般都要求半年一付;②店铺装修费用和购买设备资金;③用于商品采购和店铺日常运营的资金。启动资金预算如下:

$$投资总额 = 半年租金 + 装修费用 + 设备费用 + 备用资金$$

(7) 投资回报估算。任何投资都需要回报,这是项目开发分析的关键,有好的投资回报项目才是可行的。项目投资回报估算主要包括"年投资收益率"与"投资回收期"这两项。

$$年投资回收率 = \frac{年经营利润}{投资总额}$$

$$投资回收期 = 投资总额 \div 年经营利润$$

4. 项目的经营定位分析

市场开发不仅要对所需选择的目标市场进行分析,还要针对目标市场进行项目的经营定位,设计自己的经营特色。

项目经营定位应该采用"市场定位图",分析消费者需求的主要评价标准和竞争对手的定位状况进行经营定位,并分析项目的经营特色。如涉及店铺布局定位可以设计"布局示意图"

展示特色，也是店铺环境布置的指导。具体内容参考课业范文。

5．项目的分析结论

项目开发分析的目的在于保证项目投资的有效性。这是分析报告所作的结论性部分，是报告的最后一个部分，对此项目是否立项表明自己的态度。分析结论应对报告分析的"目标市场"、"项目选址"、"项目损益"、"经营定位"全面进行归纳，提出项目结论。其中"项目损益"数据很重要，是分析结论的主要参考依据。结论意见表述要简练，要作高度概括。

（三）《市场开发分析报告》撰写格式

1．封面

封面需作规范性设计，上面需要标明"项目分析报告名称"、"报告人姓名、所属单位"、"报告日期"。

2．前言

（1）交代报告撰写背景。一般要交代清楚企业经营目标、经营规模、经营条件、经营业绩及市场营销状况，特别要交代店铺开发的优势条件。

（2）说明报告撰写的必要性。市场开发是企业营销的重要活动，是目标市场战略的实践运用，要求从营销角度说明报告撰写的必要性。

（3）交代报告撰写的组织情况。主要交代报告撰写人员及其分工，具体的组织活动。

3．目录

通过目录可以让人们对分析报告有个概括性的了解。在目录中应包括各章次标题，如果报告的内容多，还需要标上各节次标题。本报告要求列出二级标题。

4．正文

正文是分析报告的主体部分。运用目标市场战略理论，对项目的"目标市场"、"选址环境"、"项目损益"、"经营定位"、"分析结论"进行全面、客观的分析。

5．附录

项目分析报告中若有很具体的方案或较大的表格、图表以及需要附加说明的材料，都可以作为报告的附录。

 **课业范例**

"快餐小屋"（环城东路店）开发分析报告

前 言

随着社会经济发展和人民生活水平的不断提高，人们的餐饮消费观念逐步改变，外出就餐更趋经常化和理性化，选择性增强，对消费质量要求不断提高，更加追求品牌质量、品位特色、卫生安全、营养健康和简便快捷。快餐的社会需求随之不断扩大，市场消费大众性和基本需求性特点表现得更加充分。上海奉浦地区商学院及周边的餐饮竞争环境不如市区激烈，周边餐饮门面集中，主要客户群为上海奉浦地区商学院师生。我们快餐小屋初步选定在本市奉贤区环城东路458号，投资期为4年。

位于奉贤地区上海商学院的快餐小屋计划于2008年8月成立，快餐业的迅速膨胀使其成为一个不可忽视的市场。在上海的市中心，快餐店遍布大街小巷。在上海商学院奉贤校区及周边地区，餐饮店门面比较集中。根据我们组员的调查，商学院及周边地区的店面经营的快餐品种比较单一。除了位于南桥文化广场和乐购旁边的肯德基、麦当劳及集集小镇等以外，就没有真正意义上的快餐店了。追求高生活质量的年轻人既需要快速地解决用餐问题，又追求可供选择、丰富多样的食品种类，因此设立在商学院周边能提供多样品种的快餐店具有一定的市场。

上海商学院06级市场营销第二小组在前期市场调研的基础上，利用三周时间再次开展实地调查，认真分析研究开发项目，发挥团队合作精神，团结一致，群策群力，共同努力，终于完成了《快餐小屋新店开发（环城东路店）可行性分析报告》。

本报告由许珮君担任主审与主编，参加撰写的人员有：朱灵宪、许珮君、张依琳、张碟。本调研报告撰写的分工为："前言"和"新店的经营定位分析"由张依琳负责；"新店的目标市场分析"和"新店的选址环境分析"由张碟负责；"新店的经营损益分析"由朱灵宪负责；"新店开发的分析结论"以及附录由许珮君负责。

由于时间仓促，分析报告有不足和错误之处，敬请老师以及同学提出宝贵的意见。本报告为快餐小屋在奉贤区进一步开发提供了决策依据。

目 录

一、"快餐小屋"的目标市场分析
  （一）快餐店具有开发价值
  （二）"快餐小屋"的目标顾客分析
二、"快餐小屋"的选址环境分析
  （一）"快餐小屋"的道路交通状况分析
  （二）"快餐小屋"的购买量分析
  （三）"快餐小屋"的竞争状况分析
三、"快餐小屋"的经营损益分析
  （一）"快餐小屋"的投资预估
  （二）"快餐小屋"的经营损益评估
四、"快餐小屋"的经营定位分析
  （一）"快餐小屋"经营的市场定位
  （二）"快餐小屋"的经营特色
五、"快餐小屋"开发的分析结论
附录
  （一）店铺方位图
  （二）店堂布局图

"快餐小屋"（环城东路店）开发分析报告

一、"快餐小屋"的目标市场分析

根据对上海快餐店发展状况的调查显示，据有关数据分析，随着人民生活水平和餐饮社会化程度的逐步提高，2007年我国餐饮消费持续快速增长，在国民经济各行业中继续保持领先地位。快餐店秉承的是方便、快捷、价廉、物美等原则，属于小型商店，营业面积在80~120平方米之间，可为顾客带来快速、简洁的饮食。

（一）快餐店具有开发价值

随着社会经济发展和人民生活水平的不断提高，人们的餐饮消费观念逐步改变，外出就餐更趋经常化和理性化，选择性增强，对消费质量要求不断提高，更加追求品牌质量、品位特色、卫生安全、营养健康和简便快捷。快餐的社会需求随之不断扩大，市场消费大众性和基本需求性特点表现的更加充分。2008 年 1～2 月，全国住宿与餐饮消费继续保持良好态势，零售额达到 2535.7 亿元，同比增长 23.1%，比 07 年同期增幅高出 6.1 个百分点，占社会消费品零售总额的比重达到 14.5%，拉动社会消费品零售总额增长 3.28 个百分点，对社会消费品零售总额的增长贡献率为 16.2%。

为了适应当代快节奏及新颖的生活方式，追求快速便捷的上班族、力求价廉物美的学生群，以及不甘落后的中年人群都非常喜欢并且愿意尝试如今不可或缺的一种饮食文化——快餐。因此，快餐店具有以下开发价值：

第一，快餐，顾名思义就是可以达到消费者所求的方便与快捷的要求。据调查，白领人士每月进入一家消费层次稍高的餐馆消费一到两次，而普通阶层的工人只有每月发工资的时候才可能会舍得进入一家消费层次稍高的餐馆，更别说是学生群。而快餐店既适合普通阶层工人，也适合白领，更适合没有收入的学生群。况且，快餐店力图的是便捷，根据调查，有 47.5% 的人会在 5 到 15 天内去吃一次快餐。

第二，以食物种类的多寡来说，稍高层次的餐馆所供应的是属于一个系列的食品，而且它们变更菜单以及推出新产品的间隔非常之久。而快餐店所涉及到的品种数量繁多，而且推出新产品的速度也十分快。这样，消费者就不用为换口味而东家西家地换，满足了现代都市人的新鲜感。

第三，便于管理，客流量大，较那些高层次的餐馆而言，薄利多销是快餐店取胜的法宝。

（二）"快餐小屋"的目标顾客分析

环城东路店的目标顾客是采用了市场细分技术进行选择确定的，见表 4-7。

表 4-7 "快餐小屋"快餐市场细分分析

地区	年龄	职业	月收入（元）	购买情况	品牌偏好
校内	18～24 岁 *	学生 *	依靠父母 *	大量 *	明显
				一般	不明显*
				少量	
	25～60 岁 *	教师 *	2000～6000 *	大量	明显
				一般 *	不明显*
				少量	
		物业人员	800～2000	大量	明显
				一般	不明显
				少量	
		个体经营者	3000 以上	大量	明显
				一般	不明显
				少量	

续表

地区	年龄	职业	月收入（元）	购买情况	品牌偏好
校外	16～24岁	学生	依靠父母	大量	明显
				一般	不明显
				少量	
	18～60岁*	周边企业职员*	1000～3000*	大量*	明显
				一般	不明显*
				少量	
	18～60岁	自由职业者	800～2000	大量	明显
				一般	不明显
				少量	

*为选择的细分市场

根据上海奉浦地区商学院校区内及校区外的调查情况看，两地的快餐市场购买群体存在一定差异。在市场细分表上，大致可以把"快餐小屋"快餐市场分为三类市场。对它们的分析如下：

1．"学生"市场评估

上海商学院奉浦校区内全日制在校生共计 10000 名左右，是一个很大的快餐市场。校内快餐市场竞争一般，校办食堂具有主导地位，进入该市场具有一定风险。这个消费群体的收入主要来自于父母，月生活费在 800 元左右，具有一定的购买力。且该消费群体具有很高的成长性，在接受了一个品牌后，能迅速扩大该品牌市场份额。该消费群体比较容易尝试并接受新的品牌。而且校内也并不存在一些知名品牌，如肯德基、麦当劳、必胜客等，市场竞争环境较好，竞争者数量较少。加之，该消费群体注重就餐的方便快捷和丰富多样的食物品种，因此，企业只要投其所好，便能在该市场获得较好的盈利。

上海商学院奉浦校区外的学生主要来自于商学院周边的一些中专以及华东理工大学奉浦校区，该消费群体具有不稳定性，因为其学校内部本身设有食堂，往往不会特地来商学院内就餐。

2．"教师"市场评估

上海商学院奉浦校区内现有专任教师 400 余人，其中博士生、研究生以上学历占 37.9%，副高以上职称占 37.4%（其中正教授、研究员 40 人），拥有一支百余名以国内外著名企业集团董事长、总裁等高级管理人员组成的客座教授队伍。该消费群体约占校内快餐市场的 20%。他们具有相当的购买能力，对品牌的偏好较弱。这个市场盈利性较好。消费者有固定的收入来源。因此，进入市场的风险较小。企业进入这一市场后，应注重服务质量的提高，加上校内不存在国际化品牌，如肯德基、麦当劳、必胜客等，市场竞争环境较好，竞争者数量较少。

3．"周边企业职员"市场评估

上海商学院奉浦校区周边企业职员主要来自于奉浦大厦内的的一些企业、政府单位。这个消费群体重质量轻价格，他们更看重快餐的食品质量与方便快捷。该消费群体有稳定的收入来源。企业在他们身上能够获得较高的利润，而且，只要他们接受了一种品牌，一般不会轻易改变。因此,市场成长性较高。企业应着眼于食品安全与服务质量。

4. 分析结论

根据上述细分市场的分析与研究,"快餐小屋"快餐市场应选择以下细分市场。

细分市场(1)上海商学院奉浦校区内的广大师生,年龄在18岁至60岁之间,学生月生活费主要依赖父母,约为800元左右、教师月收入为2000元以上。对快餐的需求较大,品牌偏好不明显的消费群体。

细分市场(2)上海商学院奉浦校区周边企业职员,年龄在18岁至60岁之间,收入在1000元以上,对快餐的需求较大,品牌偏好不明显的消费群体。

二、"快餐小屋"的选址环境分析

本项目小组经过周密的调查,根据店铺立地原则,新店选址确定在上海奉贤区环城东路458号。选定的新店位于上海商学院东门口,背靠上海商学院,面向新建成的高级住宅区。新店的选址是否正确?我们必须作可行性分析。

新店经营的范围可以囊括上海商学院的每一位学生和老师、周遭的各种住宅区以及工厂的员工、其他学校的师生等。根据商圈划分原理,考虑店铺地址所在地段属于学生较为集中地段,所以以100米半径的商圈划为中心商圈,东至A4公路,北至环城北路,西至韩村路多多米线店,南至环城东路540号永和豆浆;200米半径的商圈为次级商圈,东至A4公路,北至环城北路,西至韩村路608号悦和生煎,南至环城东606号湘乡人家;350米半径的商圈为边缘商圈,东至A4公路,北至环城北路,西至环城西路,南至八字桥路。新店商圈的界定有助于企业合理选择店址,了解那些是本店铺的基本顾客群和潜在顾客群,保证新店更好的定位。

(一)"快餐小屋"的道路交通状况分析

环城东路是一条双车道的商业街,走向为由北向南,车站在道路东岸。人流较多,但车流速度一般。沿街分布大量的商店与住宅区,经营较多的是餐馆及娱乐场所,是一条人流较为密集的商业街。

"快餐小屋"所处地段有许多人群集聚场所。北至环城北路,有很多厂房;南至八字桥路,内有皇品酒家、KTV、网吧和小吃街;东至A4公路,内有高级住宅区;西至环城西路,内有上海商学院、奉浦中专及诸多居民小区。

"快餐小屋"所在地交通比较便利,拥有许多条交通线路。在中心商圈有南桥3线、莘南线、南嘉线、南华线等公交线路车站。在次级商圈有公交莘海线等公交线路车站。

上述分析可以推论,在环城东路458号开设"快餐小屋"是最佳选择。该店的地段比较有利,交通方便,人流量较大,足以吸引人们前往消费,市场潜力大,这为快餐店的营销提供了有利的前提条件。这些优越的环境是我们这家快餐店开发时选择的第一重要因素,尤其是快餐店的开发更要考虑人流密集的问题。

(二)"快餐小屋"的购买量分析

一个选址优良的店铺必然拥有一批稳定的目标顾客,这就要求在其商圈范围内拥有足够多的户数和人口数。许多店铺设在有较强购买力、人口密度大的地区,其中一个重要原因就是为了保证周围有持续旺盛的购买力。所以,新店开发必须了解其商圈范围内的中心圈、次级圈内目标顾客的数量和收入程度、职业分布、消费特点与偏好。通过对这些情况的了解,可以对顾客的购买量估算(边缘商圈对新店没有影响)。

1. 固定人群消费分析

上海奉浦地区商学院是环城东路上的人口密集点。据调查,上海商学院目前有全日制学生 10000 多名,教室 400 余人。上院位于商学院西侧(奉浦大道和沪杭公路交叉口的东南),项目占地面积 130 亩,总建筑面积 10 万余平方米,是新建高级住宅区,预计到 7、8 月份将会有 6 到 7 成的住户搬入上院居住。届时,人气将急剧上升。且这些人群都有足够的消费能力,是快餐店的主要消费对象。据统计调查,上院及商学院的人每天的入店购买率可达 55%,购买金额平均在 15~25 元左右。

在次级商圈内的住户现有大约 1000 户,虽然在他们的周遭有一些小餐馆,但是非常缺乏像我们这样品种多样、整洁的快餐店,因此,次级商圈对于我们来说也是一个很重要的市场。据调查统计,每户的入店购买率为 30%,购买金额平均在 15 元以下(含 15 元)。

在次级商圈里还有 2 所其他院校,虽然他们的购买力不如上院和商学院的强,但是也可以成为新的快餐店的目标顾客。这样,两个学校的学生为 2000 人左右,入店购买率可达 10%,购买金额平均在 12 元以下(含 12 元)。

由此可见,根据"快餐小屋"的商圈固定人群现有数量和收入程度、职业分布、消费特点与偏好,他们前往快餐店消费具有很强的购买力和吸引力。

2. 流动人群消费分析

2008 年 4 月 8 日下午,本小组成员在上海商学院东门门口进行市场调查,调查对象为商学院内的流动人群。调查结果见图 4-7 "上海商学院东门门口的流动人口示意"和图 4-8 "出自上院前往快餐店人数示意"。

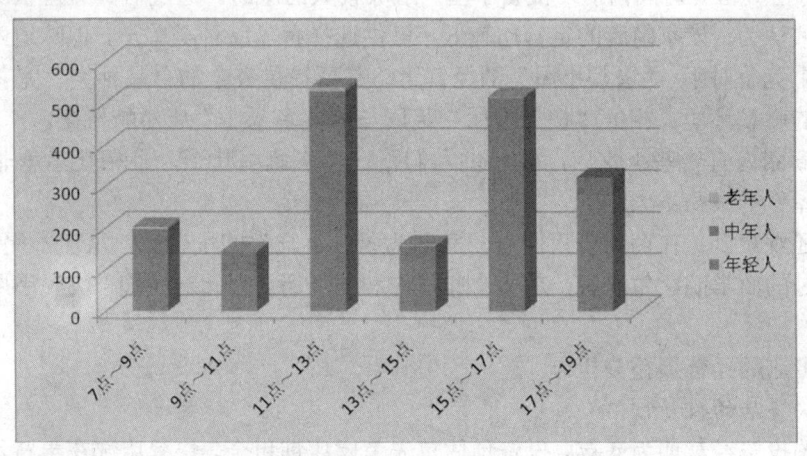

图 4-7 上海商学院东门门口的流动人口示意

调查显示:奉贤区上海商学院东门门口的人群流动速度较快。由上院前往快餐店就餐的人流要少于上海商学院学生。作为主要目标客户的学生方面,流动人群的高速流动能为"快餐小屋"带来大量的顾客。需要注意的是,应及时改变商学院学生的饮食习惯,可依赖学生间的交流传播品牌。

根据我们对上院前往快餐店就餐的人数实地观测统计,估计每天的流动人潮量为 200 人次,入店率可超 15%,人均消费 15 元左右。根据这一数据,新店将有比较稳定的营业收入。

从上述分析数据可以推论,"快餐小屋"背靠上海商学院奉贤校区,面向人流密集的学生群体,有一定的市场消费的潜力。因此在奉贤区环城东路458号开设新的快餐店是完全正确的。

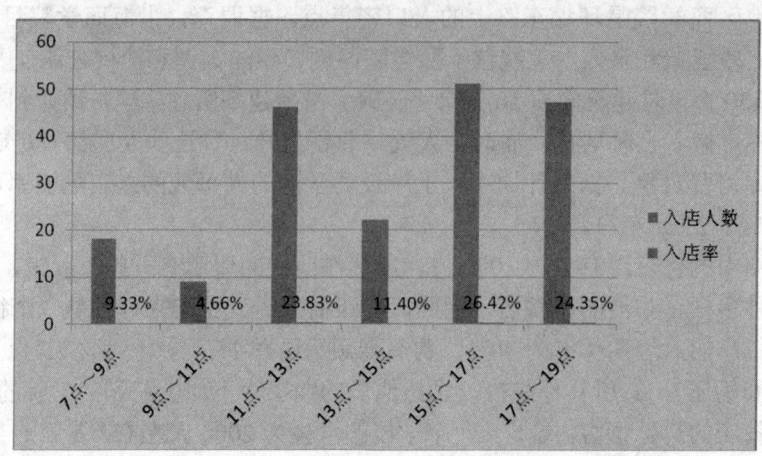

图 4-8　上院前往快餐店人数示意

(三)"快餐小屋"的竞争状况分析

在对商圈消费潜力分析时,还应调查分析该地区的快餐店竞争状况,了解这个地区内同行业的数量、竞争对手的经营状况,并对新店地址的选择作出客观的分析。

在中心商圈内有一家"多多米线"店,位于韩村路上。这是"快餐小屋"最大的竞争对手,它的门面虽然不大,食品种类也十分单一,但是深受广大学生及居民的喜爱,入店率可达60%左右,将在其营业时间内对"快餐小屋"造成较大的威胁。通过对其经营状况分析后,本小组成员一致认为:该家门店的定价比较低,可供选择食品品种类单一,但味道鲜美,独具特色。针对这个竞争对手,"快餐小屋"的经营策略是要提供齐全的食品种类、完善的服务及明亮宽敞整洁的就餐环境。相信"快餐小屋"足以与"多多米线"店对峙抗衡。

在次级商圈内有一些小吃店,但只供人们路过买来填填肚子,且相互竞争非常激烈。这对"快餐小屋"的威胁不大。

本小组还观察到:在商学院里面有一家名为"胜百隆"的快餐店,虽然不提供店内用餐,但是对于路过的商学院学生来说,是一个非常便利的场所。因此对我们"快餐小屋"也具有一定的威胁。

三、快餐店的经营损益分析

(一)快餐店的投资预估

快餐店的投资经营期为4年。投资预估首先考虑店铺租金。快餐店选在奉贤环城东路458号商铺,面积80平方米。租金为4.8万元/年,可以半年交付,属于中等的地段层次。

快餐店的投资估计需要考虑装修费用和设备购置费。该商铺为尚未使用的毛坯房,需要全装修,装修费用预估8万元。快餐店营业需要购置的设备有:不锈钢系列豆浆机;封杯机;电炸炉;电扒炉;电烘炉;冷冻冷藏设备;空调;收银台系统;水电设备;办公设备;内仓设备,共计8万元。店铺装修和设备购置需要投资16万元,这些投资预计40个月折旧完毕。工作人员安排5人,水电煤费用考虑2500元/月。

由于快餐店的投资预估还需要考虑8万元备用金作为流动资金,用于采购原材料以及日常运营需要。本店的食品采购有相当一部分要自行解决。

（二）快餐店的经营损益评估
1．月营业额计算
（1）月营业收入＝月人均购买金额×目标顾客数量×市场占有率
　　　　　　　＝10×160×30×100%
　　　　　　　＝48000 元
（2）日营业收入＝月营业收入÷30＝1600 元
2．合适店铺面积估算
根据行业特点，考虑到我们的快餐店是中西合并式，所以每天每平方米销售额应定 20 元，每天的销售额为 1600 元，合适的营业面积估算如下：
店铺面积＝日营业收入÷20 元＝80 平方米
快餐店的使用面积应保证在 80 平方米，月营业收入才能得到保证。
3．月经营费用估算
快餐店经营费用分为固定费用和变动费用两类。具体估算如下：
A、月固定费用估算
（1）人员工资：5 人×1000 元　　　　　5000 元
（2）房租：24000 元÷6（月）　　　　　4000 元
（3）装修分摊费：80000 元÷40（月）　　2000 元
（4）设备折旧费：80000 元÷40（月）　　2000 元
（5）水电费用：2500 元/月　　　　　　 2500 元
（6）管理费用：500 元/月　　　　　　　 500 元
固定费用总计：　　　　　　　　　　　 16000 元
B、月变动费用估算（计算每项费用在销售总额中的比重）：
（1）营业税：　　　　　　　　　　　　5.0%
（2）运杂费：　　　　　　　　　　　　0.2%
（3）包装费：　　　　　　　　　　　　0.1%
（4）商品损耗：　　　　　　　　　　　0.1%
总计比重：　　　　　　　　　　　　　5.4%
月变动费用总计：48000×5.4%＝2592 元/月
4．项目损益预算
经营损益＝销售毛利−变动费用−固定费用
销售毛利＝营业收入×毛利率
根据上述数据估算月经营损益、年经营损益、4 年经营损益：
（1）预计月销售毛利＝营业收入×毛利率（餐饮毛利率一般考虑50%）
　　　　　　　　　＝48000×50%
　　　　　　　　　＝24000 元/月
（2）预计月经营利润＝销售毛利−变动费用−固定费用
　　　　　　　　　＝24000−2592−16000
　　　　　　　　　＝5408 元/月
（3）预计年经营利润＝月经营利润×12

$$=5408 \text{元/月} \times 12$$
$$=64896 \text{元/年}$$

（4）预计 4 年经营利润（不考虑资金时间价值）：

4 年累计获利：64896 元/年×4=259458（元）

5．投资风险估算

投资风险是对投资的"经营安全率"进行分析。经营安全率是衡量新店经营状况的重要指标。估算经营安全率必须先计算出"损益平衡点销售额"。

（1）估算损益平衡点月销售额：

损益平衡点销售额=固定费用/（毛利率-变动费用率）
$$=16000/（50\%-5.4\%）=35874 \text{元}$$

（2）估算经营安全率：

经营安全率=1-损益平衡点销售额/预期销售额=1-35874/48000=25.26%

快餐店的经营安全率估算为 25.26%，可以列为优良店铺，说明经营风险比较小。

6．项目资金估算

投资总额=半年租金+装修费用+设备费用+流动资金=2.4+8+8+3=21.4 万

7．投资回报估算

项目投资回报估算也应该包括"年投资收益率"与"投资回收期"。

（1）年投资收益率

年投资收益率=年经营利润/投资总额
$$=64896/214000=30.33\%$$

（2）投资回收期

投资回收期=投资总额/年经营利润
$$=214000/64896=3.3（\text{年}）$$

四、"快餐小屋"的经营定位分析

"快餐小屋"选址于奉贤区环城东路 458 号，有很大的商机和发展空间，也有很大的风险。面对机遇与挑战，本小组认为"快餐小屋"应勇于进入市场，开拓新的利益增长点。面对挑战，"快餐小屋"更应该进行正确的市场定位，在保持原有快餐店特色的基础上，进一步开拓自己的新亮点，要有自己的经营特色。

（一）"快餐小屋"经营的市场定位

根据消费者对快餐店需求的主要评价标准：价格和可供食品种类，针对上海商学院奉浦校区周边快餐店的相关竞争情况，制定了以下"快餐小屋"的市场定位图，见图4-9。

该图说明了中西式结合的"快餐小屋"经营的市场定位。该图中横坐标代表快餐店可供选择食品种类的多少，纵坐标代表了快餐店消费价格的高低。其中 A 是代表韩村路上的多多米线店的定位情况，它的产品种类单一，主要就是米线，但是价格还是比较便宜的，辐射范围内除了上海商学院的学生外，还有一些周边学校的学生。B 代表"商学院"汉堡店的定位，它的价格比起肯德基、麦当劳要便宜些，产品种类相对较多，辐射范围主要是上海商学院的学生，客户群相对比较狭窄。C 代表了上海商学院的学校食堂，他们的产品种类比较多，规模比较大，相对的价格也比较高，辐射范围主要是上海商学院师生。E 代表我们"快餐小屋"的定位，价格中下，产品种类较多，辐射范围除了上海商学院的学生外，还有一些周边学校的学生、居民。该店的特色在于快餐食品既有中式的点心，也有西式的汉堡薯条，并且提供送餐服务。

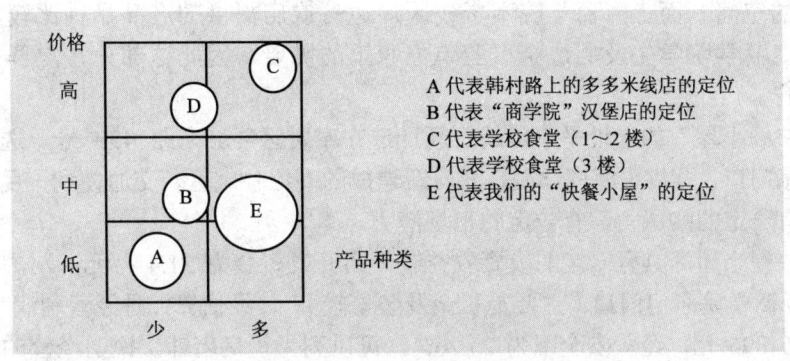

图 4-9 "快餐小屋"市场定位图

"市场定位图"显示，"快餐小屋"的市场定位方案采用的是"填补定位"策略。既为避免市场现有的竞争对手，将产品定位在目标市场空白的部分，能够迅速在市场上站稳脚跟，并能在消费者或用户心目中迅速树立新的品牌。这一方案的风险较小，成功率较高。而且通过提供中式及西式的食品，同时满足不同顾客的需要，使产品在种类上具有竞争优势，尽可能在奉浦地区具备一定的规模，以达到经营目标。

（二）"快餐小屋"的经营特色

1．"快餐小屋"为目标顾客提供便捷购买、优质食品、合理价格与热诚服务

首先，对商品摆放进行程式化设计，使消费者在10分种内购买到所需要的商品；其次，确保商品的质量，加强管理环节，与优质的食品满足目标顾客的需求。提供便民服务，实行上十点提供服务，可以考虑提供减肥套餐，运动型套餐，老年人套餐，中式早点，西式下午茶，提供特殊食品与服务包括外送早餐服务。再次，以合理的定价，吸引消费者，击败竞争者，抢占市场份额，树立快餐小屋独具匠心的第一形象。

2．营业布局，食品样品陈列和环境布置宽敞亮堂，简洁优雅，大方便利。

对于"快餐小屋"的营业布局，食品样品陈列和环境布置本项目小组绘制了布局示意图（见附录二）。本小组成员认为：针对该地段的消费层次中上的实际情况，"快餐小屋"的营业布局，食品样品陈列和环境布置都应该与绿地南桥老街即将入住的居民和上海商学院的学生消费需求特点相适应，改变快餐小屋店小，杂乱的形象。营业布局，食品样品陈列和环境布置的设计在宽敞的货架间选择食品。多留出的空间应该开放休闲区，顾客可以小坐饮食休息。利用自己的手提电脑免费上网。店堂环境布置要求简洁优雅，适当播放背景音乐。力求使消费者耳目一新，对本店留下良好、深刻的印象。当然，上述的这些布局设计是经过了我们小组的调查才决定的。在保持"快餐小屋"应有的方便快捷的前提下，可以小小地改变，对该店的发展是有益的。

五、"快餐小屋"开发的分析结论

综合上述各项评估分析，"快餐小屋"欲将投资的奉贤区环城东路458号新店开发是一项完全可行的投资项目。其理由如下：

1．快餐消费潜力大。随着经济的发展，教育水平的提高，人们的生活方式已经发生了

翻天覆地的变化，改变过去与自然一体的工作情况，日益走向写字楼内。"民以食为天"，和人们生活息息相关的"食"自然是重中之重。而生活环境的变化为快餐业的发展提供了一个广阔的空间。而上海商学院奉贤校区周边餐饮店提供的产品品种比较单一，越来越不能满足上海商学院学生及周边企事业单位职工的需要，因此这部分客户群是"快餐小屋"的目标客户。

2."快餐小屋"的选址是正确的。新址选在奉贤区环城东路458号，选定的新店位于上海商学院东门口，背靠上海商学院，面向新建成的高级住宅区，交通便利，目标客户群比较密集，顾客有一定的购买力，有一定的市场潜力。

3."快餐小屋"具有一定的投资收益。新店开发资金为21.4万元，与周边的店铺相比略高（因位于商学院东门门口，主要是租金及装修较高）。经估算，月经营利润为5408元，年经营利润为64896元，经营安全率为25.26%，可以列为优良店铺，说明经营的风险较小，年投资收益率为30.33%，投资回收期为3.3年，说明此项目具有一定的收益。

本项目小组认为：新店开发的投资风险与回报是成正比的，鉴于"快餐小屋"选址地目前由金叶超市转租，转租进程未结束，所以有充足的时间供决策者讨论和准备。希望决策者能充分考虑本项目小组的报告，有效地进行"快餐小屋"环城东路店的开发。

附录（一）店铺方位图

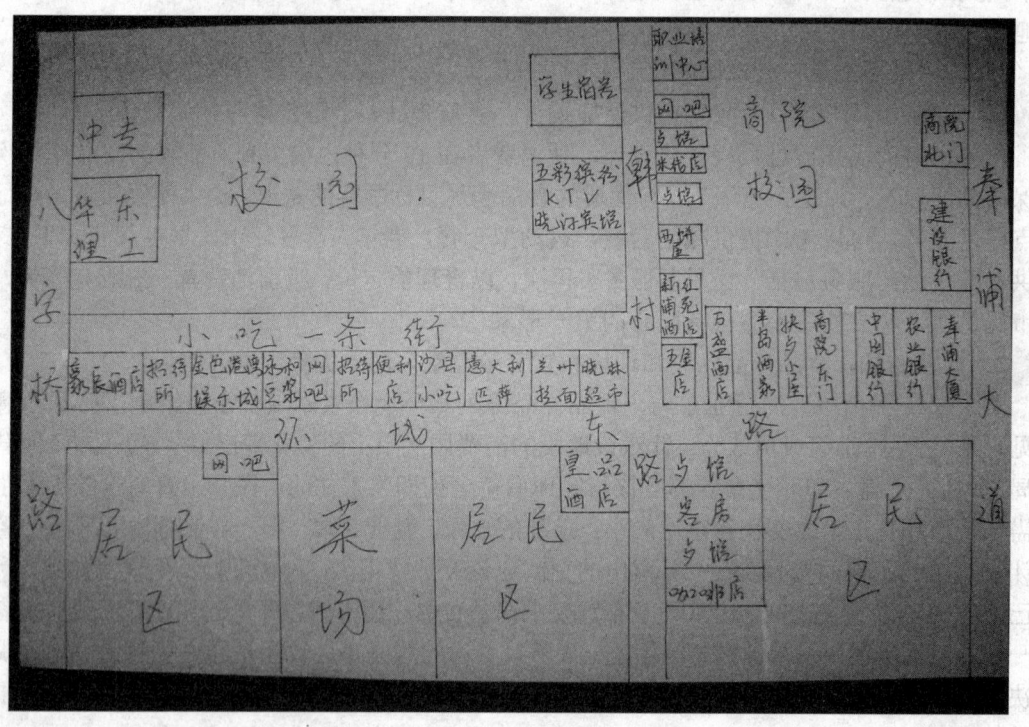

附录（二）殿堂布局图

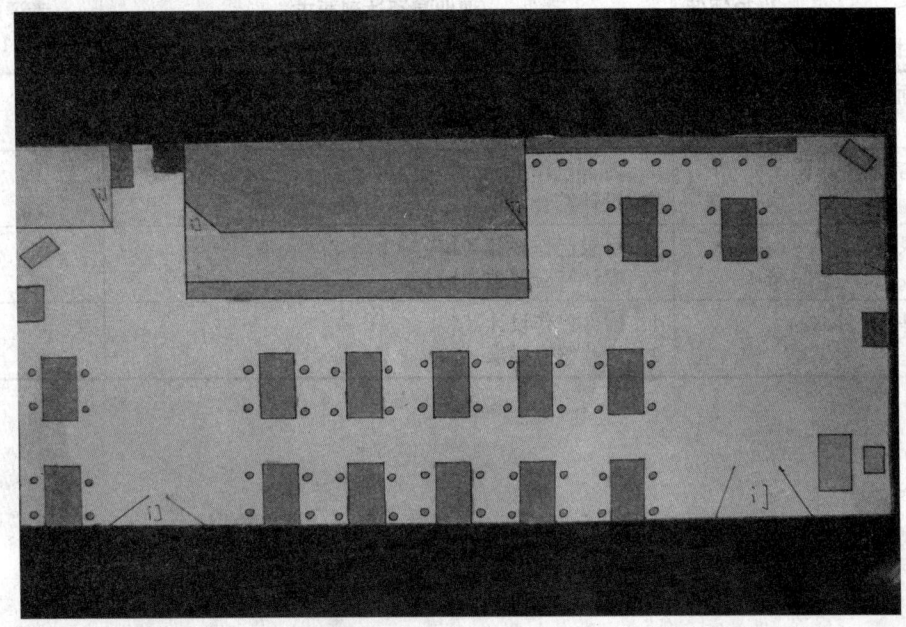

——摘自上海商学院 06 级市场营销第二小组作业

 课业评价

《市场开发分析报告》评估标准和评估分值见表 4-8。

表 4-8　《市场开发分析报告》评估标准和评估分值

评估项目 \ 评估标准	课业是否达到要求 评估分值 40 分	考评成绩 Σ100
课业 9： 一、项目目标市场分析 Σ15 分	1. 分析整个市场，进行市场细分，选择经营业态，选择目标顾客（10） 2. 分析紧扣主题，全面，准确，有条理（5）	
二、项目选址环境分析 Σ15 分	1. 对选址环境的"交通条件"、"购买量"、"竞状况"进行分析（10） 2. 分析紧扣主题，全面，准确，有条理（5）	
三、项目经营损益分析 Σ22 分	1. 对"月营业额"、"所需营业面积"、"月营业费用"、"月利润额"、"年利润额"、"经营安全率"、"投资收益率"、"回收期"进行分析（14） 2. 分析紧扣主题，全面，准确，有条理（8）	
四、项目市场定位分析 Σ15 分	1. 对"商品及结构定位"、"商品价格定位"、"服务定位"、"店铺布局定位"、"商品陈列定位"、"环境布置定位"等进行分析（10） 2. 分析紧扣主题，全面，准确，有条理（5）	
五、项目分析结论 Σ10 分	1. 对目标市场、选址环境、投资收益分析进行归纳比较，对投资优劣势进行分析，提出分析结论（7） 2. 分析结论能够全面分析、概括，表述简洁（3）	

续表

评估项目 \ 评估标准	课业是否达到要求 评估分值 40 分	考评成绩 Σ100
六、封面设计 Σ2 分	1. 封面已作设计（1） 2. 设计符合要求（1）	
七、前言设计 Σ4 分	1. 前言已作设计（2） 2. 设计符合要求（2）	
八、目录设计 Σ2 分	1. 目录已作设计（1） 2. 设计符合要求（1）	
九、附件 Σ15 分	1. 附件已作设计（5） 2. 设计符合要求（10）	

单元五　规划产品和品牌

对于任何一个企业来说，在产品开发上是不能追求一劳永逸的。开发新产品对企业来说是非常必要的，因为产品生命周期的客观存在、消费需求的变化、科技的发展、市场竞争的加剧，也迫使企业不断开发新产品。

产品的品牌之于消费者，犹如感情之于人类，追求美好的感情是人的天性和本能，如今追逐品牌已经成为消费者的购买本能。企业设计品牌已不仅仅是提供一个具有独特功能价值的产品，更多的是为目标顾客营造情感的栖息地。因此对于企业而言，不断注重新产品的开发和创立并设计自己的品牌形象，是所有企业顺应时代的要求，刻不容缓。

单元任务

通过本单元 2 项课业训练，在掌握新产品开发理论和品牌理论的基础上，能将理论运用于实践，能结合实际情况策划新产品的开发和品牌设计，培养学生的"分析判断能力"和"创新能力"。

要求学生能充分理解新产品开发的意义、方式、程序。重点培养学生能结合具体实例判断新产品类型、对企业新产品的可行性进行分析判断并形成新产品可行性分析报告，以及掌握新产品开发的程序。

要求学生在掌握品牌名称和标志设计的技巧的基础上，能针对具体企业或产品，根据设计要求，积极创意，亲手设计具有吸引力、体现个性化的品牌名称和标志。

单元意义

（一）帮助学生掌握企业新产品开发的程序

对于不同的新产品开发，其过程主要经历八个阶段，即寻求创意、甄别创意、产品概念的发展与试验、制定市场营销战略、进行营业分析、进行产品开发、进行市场试验、商业化投放阶段。通过课业实训教学，让学生从具体事例中更能深刻、形象地理解新产品开发的程序，及其新产品在开发时的可行性分析报告的制作。

（二）帮助学生掌握品牌设计的基本技能并运用

通过"品牌名称与标志设计"课业实践操作，更好地了解品牌对企业营销的重要性，掌握品牌设计的基本技能。使高职学生日后有机会参与企业品牌策划，也能为学生将来自己创业奠定业务基础。

课时安排（6课时）

本单元在新产品策略和品牌设计理论指导下，完成以下 2 项基本技能课业，达到本单元实践教学的目标。

课业 10：联系校外一所企业，带领学生实地考察，调研该企业新产品开发的过程，并为该企业进行新产品开发的可行性分析（校外调研 2 课时，指导 1 课时，讨论 1 课时，课外完成《新产品开发可行性分析报告》）。

课业 11：联系有关项目和资料，完成"品牌名称和标志"设计的基本技能课业（指导 1 课时，课堂讨论完成课业 1 课时）。

课业 10　新产品开发策略

课业目标

通过本课业实训，使学生进一步了解新产品的含义，掌握新产品开发的程序和可行性分析的方法，全面了解从新产品开发决策、创新到产品投放市场的整个新产品开发过程，能对现有的产品营销以及新产品的开发进行相关的研究，提高产品开发与管理能力。

理论指导

（一）新产品概念

市场营销学所说的新产品，是指企业向市场提供的较原有产品具有较大差别的，能满足某种消费需求的整体产品。这里新产品的"新"是相对的，并且是对企业而言，对市场而言可能是新产品，也可能不是新产品。

（二）新产品类型

新产品类型分为：全新产品、换代新产品、改进新产品、仿制新产品、重新定位新产品。

（三）新产品开发的意义

新产品开发使得技术的功能得以真正实现；是企业不断满足消费者需求的根本途径；企业可以通过发展新产品来谋求生存和发展；企业的竞争力在很大程度上取决于能否向市场提供适销对路的新产品；新产品开发的成功能给企业带来长远的利益。

（四）新产品开发的方式

新产品开发的方式包括：独立研制、协作开发、技术引进、研制与引进相结合。

（五）新产品开发的程序

对于不同的新产品开发，其过程主要经历八个阶段，即寻求创意、甄别创意、产品概念的发展与试验、制定市场营销战略、进行营业分析、进行产品开发、进行市场试验、商业化投放。

第一阶段：寻求创意。产生一个好的新产品构思或创意是新产品成功的关键。

第二阶段：甄别创意。采用适当的评价系统及科学的评价方法对各种创意进行比较分析，避免"误弃"和"误用"。

第三阶段：产品概念发展与试验。用文字、图画描述或者实物将产品概念展示于一群目标顾客面前，观察他们的反应。

第四阶段：制定市场营销战略。

第五阶段：进行营销分析。企业市场营销管理要复查新产品将来的销售额、成本和利润的估计，看看它们是否符合企业的目标。

第六阶段：进行产品开发。

第七阶段：进行市场试验。市场试验的规模决定于两个方面：一是投资费用和风险大小，二是市场试验费用和时间。

第八阶段：商业化投放。做好何时、何地、向谁、如何推出新产品的决策。

 课业任务

（一）阅读以下资料，分析可口可乐新产品在开发时的市场调查是否有待改进，并针对新产品提出开发方案，形成可行性分析报告。

资料

可口可乐新产品上市失败的案例

自百事可乐诞生后，可口可乐就无一宁日。在过去的半个多世纪里，这两家公司之间的激烈竞争几乎从未停止过。为了向可口可乐挑战，百事可乐提出了"百事可乐新一代"的口号，并通过系列广告大力宣扬青春、充满活力、富于挑战性的百事精神，"认为自己年轻的人现在就喝百事"，从而导致美国年龄在25岁以下的人几乎都迷上了百事可乐，抢走了可口可乐在年轻人中的市场份额。为了改变人们总是相信老品牌、认为可口可乐更好更传统的观念，百事可乐于1972年在美国发动了一次别出心裁的试饮百事可乐与可口可乐的产品比较攻势。在一公共场合请行人蒙住眼睛免费饮用这两种饮料，然后再送一瓶饮用者认为更好喝的饮料，结果多数人饮后都要百事可乐，以3:2的优势战胜可口可乐。从品尝的第一印象来看，百事可乐比较好，因为它的含糖量比可口可乐多出9%。这一比较场面被百事可乐公司在电视上反复播放，产生了令人兴奋的攻击性效果，许多可口可乐的老顾客纷纷改饮百事可乐，这一活动使百事可乐的市场占有率迅速提高，其软饮料市场所占的份额一下子由6%直升至14%，大有与可口可乐平分天下之势。

作为一种反应，可口可乐公司也进行了自己的口味测试。可是，这些测试都有着一个同样的结果，即消费者更喜欢百事可乐的味道，且市场份额的变化也反映了这一点。到1979年年底，与可口可乐23.9%的市场占有率相比，百事可乐已缩小了二者之间的差距，拥有了17.9%的软饮料市场。到1984年年底，可口可乐的市场份额仅剩9%，而在杂货商市场上已落后了10个百分点。可口可乐的市场营销研究部门曾就其市场占有率相对于百事可乐日渐缩小的问题，进行了一个颇为详细的分析。分析表明，在1972年，18%的软饮料消费者只喝可口可乐，同期忠诚于百事可乐的人只有4%；但10年之后，情况发生了很大的变化，只有12%的人宣称忠诚于可口可乐，而忠诚于百事可乐的人数几乎与之相等，达到11%。

在20世纪70年代末和80年代初，尽管有强大的广告力量和超级的分销系统，但可口可乐的市场份额依然被侵蚀掉，因此，公司开始将注意力转移到调查产品本身的问题上来。证据日益明显地表明，味道是导致可口可乐衰落的重要因素。也许原来的秘密配方要被淘汰了。在这种情况下，公司开始实施"堪萨斯计划"。在堪萨斯计划的指导下，1982年，公司在10个主要市场进行了大约2000次的访问，调查消费者接受一种不同的可口可乐的意愿状况。在调查中，调查人员先向人们展示一些故事卡片——一种模拟的、连环漫画式的商业广告，然后让人们回答一系列问题，如一张故事卡片上说可口可乐中增加了新成分，味道变得更甜美，而另一张则说它与百事可乐没有什么两样；然后询问消费者对这种观念变化的反应，如"你会感到难过吗"或"你愿意尝一尝新可口可乐吗"等。调查人员从回答中估计，有10%~12%的可口可乐饮用者将会感到难过，他们中的半数将克服这一难关，但另一半人则不愿意。在调查访问表明试用新可口可乐意愿的同时，另外一些测试却提供了一些相反的情况，大小不同的消费者团体分别表明了强烈的赞成和不赞成的情绪。但技术部门却坚持开发一种新的、更令人愉快的口味。到1984年9月，他们认为这一切都已经做到了。由于全部使用了比蔗糖更好的玉米糖浆，因此，它成为一种泡沫更少、更甜且带有柔和的刺激口味的新饮料。公司立即对它进行了无标记味道测试，在这种测试方法中，消费者没有被告知他们喝的饮料的品牌。实验的结果极大地鼓舞了研发者，新味道的可口可乐大大地击败了百事可乐，而在以前的这种无标记测试中，百事可乐总是胜过可口可乐。调查研究人员估计，新配方的可口可乐可使其市场占有率提高1%，这意味着可增加2亿美元的销售额。在采用新口味之前，可口可乐公司投入400万美元进行前所未有的大规模口味测试。在13个城市中，约19.1万人被邀请参加了无标记的不同配方的可口可乐的比较。之所以运用无标记测试，是为了排除品牌偏好而产生的任何干扰。55%参加者更喜欢新可口可乐，这表明可口可乐击败了百事可乐。调查研究的结果似乎表明，支持新配方是不容置疑的了。

在作出引入新口味可口可乐决策的同时，一系列辅助性的决定必须相应地实施。例如，必须考虑是在产品大类中加入新口味的可口可乐还是用它替代老可口可乐。在反复考虑以后，公司的高级经理们一致同意改变可口可乐的味道，并把旧可口可乐撤出市场。1985年1月，介绍新可口可乐的任务交给了埃里祖艾塔和基奥。他们在纽约城的林肯中心举行了一次记者招待会。请柬被送往全国各地的新闻媒介机构，大约有200家报纸、杂志和电视台的记者出席了记者招待会，但他们大多数人并未信服可口可乐的优点，他们的报道一般都持否定态度。新闻媒介的这种怀疑态度在以后的日子里更加剧了公众拒绝接受新可口可乐的心态。消息迅速传播开来。81%的美国人在24小时内知道了这种转变，这一数字超过了1969年7月知道尼尔·阿姆斯特朗在月球上行走的人数。1.5亿人试用了新可口可乐，这也超过了以往的需求量，达到了5年来的最高点。决策的正确性看来是无可怀疑了，但这一切都是昙花一现，形势很快就发生了变化。有一些反对意见本是意料之中的，但反对派的力量迅速地扩大了。在产品刚上市的4小时内，公司大约接到了650个电话。到5月中旬，每天除了收到倾泻而来愤怒的信件外，公司还要接5000次的电话。为此，公司增加了83条电话线，雇佣了一些新职员来处理这些信件和电话。人们纷纷指责可口可乐作为美国的一个象征和一个老朋友，突然之间就背叛了他们，有些人威胁说以后不喝可口可乐而代之以茶或白开水。竞争对手百事可乐趁此幸灾乐祸地大做文章，在整版报纸广告上攻击说："可口可乐从市场上撤走他们的产品，更改可乐秘方，以便更好地学习百事的味道""大家知道，某种东西如果是好的，就用不着改变它，百事可乐的成就迫使对方出此下策！""现在是对方正视现实，向百事看齐的时候了"等。当7月份的销售额没有像公司预料的那样得到增长以后，装瓶商们也开始要求供应老可口可乐。

公司的经理们开始认真地考虑怎样挽救可口可乐公司的衰落情况。在一次经理会上，经理们决定在7月4日之前不采取任何行动。因为到那时，这个周末的销售额才能统计出来。可是结果并不理想，于是公司决定在"古典可口可乐"的商标下，恢复老可口可乐的生产，同时公司将保留新口味的可口可乐，并称之为"营养可乐"。这个决定在7月11日被公之于众，高级经理们向公众致以歉意,但没有承认新可口可乐的出现完全是个错误。两条信息被传递给美国的消费者:一是对那些喜欢喝新可口可乐的人来说,公司致以深深的谢意;而对那些喜欢老配方的可口可乐公众来说,研发出的信息则是我们听见了你们的声音,现在老可口可乐又回到了你们中间。消息迅速传播着,ABC 广播公司中断了正在播出的广播剧,在星期三中午播送了这条新闻;在所有晚间有线新闻广播中,恢复老可口可乐的决定在通常是为灾祸或为外交动态保留的显著位子上被通报了。软饮料爱好者们一般都是感到高兴的,甚至华尔街也为这一变化感到高兴,因为老可口可乐的恢复使可口可乐公司的股票上升到 12 年以来的最高水平。

（资料来源：陈子清等.市场营销实训教程.武汉:华中科技大学出版社，2006.）

实训步骤：

第一步：由指导教师介绍实训的目的与要求，对"新产品开发"的实际意义给予说明，调动学生实训的积极性。

第二步：由指导教师介绍新产品开发的程序与策略。

第三步：组队，将参与实训的学生以小组为单位，分成若干小组，要求每个小组不得少于 7 人进行实地调查。并确定队长 1 人，负责组织本队成员进行实训。

队长：_____

成员：_____

第四步：阅读并分析资料"可口可乐新产品上市失败的案例"。

（1）可口可乐在经过市场调研后推出的新可口可乐为何遭到市场的拒绝？
_____
_____
_____

（2）可口可乐关于新可口可乐的市场调查应进行哪些改进？
_____
_____
_____

（3）从新可口可乐的失败中，可口可乐公司应吸取哪些教训？
_____
_____
_____

（4）对换代可口可乐重新上市的可行性进行分析。
_____
_____
_____

（5）各小组组织讨论，形成分析报告，上交指导教师。
_____
_____
_____

第五步：个人总结评价。

学生本次实训感想：

第六步：指导教师总评。

操作指导

新产品开发可行性分析报告包括以下6个方面：

①企业产品或服务现状综述：对于企业目前的市场占有率、销售额、产品组合、产品生命周期等情况进行分析描述，从而找出企业的弱点和新的发展机会。

②新产品或服务描述：根据新产品开发前阶段的产品构思、产品概念形成等，对将要开发的新产品或服务进行描述。主要描述新产品或服务的创新要点、形式、相关因素等。

③市场分析：主要包括人口基数、技术满足消费者的情况、消费者对该种产品或服务的了解程度、产品或服务的可获得性、潜在消费者中购买拟投产产品或服务的意向、竞争者以前的业绩估计市场容量及产品或服务进入市场的运作情况，根据互补产品的销售情况预测未来销售情况、对竞争对手及产品定位的详细分析等。市场分析的核心在于掌握将要推出的新产品或服务在市场上是否具有推出的可行性。

④技术分析：主要包括新技术与原技术的相容性分析情况和狭义上的技术可行性分析情况。

⑤经济分析：包括商业价值预测和财务分析两部分。经济分析的核心就在于它的推出是否能够为企业带来足够的净利润及确定未来的经济发展空间。

⑥负面效果评价：在可行性分析报告中，这一部分必不可少，通过前面的分析预测可能存在的负面效应进行评估，用辩证的观点最终确定该新产品或服务是否具有推出的可行性。

课业范例

十余年前，军旅出身的闫希军从1200万元创业起步，依靠拳头产品——复方丹参滴丸带领天士力集团发展成为如今总资产超过67亿元的企业，保持了连续多年的高速增长，复方丹参滴丸则成为国内医药行业至今仍然不多的年销售额过10亿的单品种，天士力集团成为中药现代化、国际化的排头兵。一个企业的成功，自然在生产、研发、战略管理等多方面均有其独到之处，而从对新产品开始市场营销的角度，天士力集团的复方丹参滴丸能够准确地符合市场需求，关键在于他们狠抓了新产品开发的各个环节。调查研究新产品——复方丹参滴丸开发给予我们的启示。

（资料来源：汤少梁.医药市场营销学. 北京:科学出版社，2007.）

训练学生能够根据企业情况，展开有针对性的调研，并从调研中了解新产品开发的程序。具体做法如下。

1. 新产品构思——新产品设计始于良好的构思

参考做法：

（1）中国正在进入老龄化社会，而老年人是心脑血管病的主要发病群体，心脑血管市场是目前医药市场最具有潜力的市场之一。

（2）大量市场调研表明，丹参制剂的市场很大，通过中医处方的调研，其中超过 78%的处方中都有丹参。

（3）传统中药已有数千年的历史，有系统的理论与丰富的临床经验，然而中药材质量不稳定，生产工艺技术落后，传统中药质量标准体系不完善，控制方法落后，同时绝大多数还没有摆脱丸、膏、散、丹、汤等传统剂型。

（4）丹参制剂一定要找个好的剂型，才能有所突破。

（5）把中药的混合物做成滴丸是从复方丹参滴丸开始的，这是一项技术创新。

2．新产品构思的筛选

参考做法：

对新产品构思进行筛选，由新产品设计员、设计室主任及设计室相关人员参加。大家对新产品构思做出评价并提出修改意见，使新产品构思更加完备。

3．制作样品

参考做法：

（1）天士力率先与医学科研机构的专家合作，在陕西建立了全国第一家国家级的丹参 GAP（中草药栽培管理规范）药研基地，开辟了我国符合 GAP 标准化的中药原药材培育生长的"第一生产车间"。

（2）为改变人们对中药的传统看法，20 世纪 90 年代中期，新生的天士力集团在国内率先提出"现代中药"的概念。

4．技术经济分析

参考做法：

（1）制出样品以后，要对新产品设计进行全面分析，主要分析该项目新产品的原料供应、生产成本、技术力量、销售前景等各方面因素。

（2）分析的重点是新产品与国内外市场需求是否一致。

5．投产

参考做法：

（1）投资近 2 亿元，严格按照国际药品生产管理规范标准，兴建天士力高科技产业园，并先后通过了 GMP 认证和 ISO9001－2000 质量管理体系认证。

（2）产品复方丹参滴丸是国内制药企业中第一个通过美国 FDA-IND 临床用药申请的中药，改写了西方几百年来封锁中药制剂的历史。

（3）根基时令，分批正式生产新产品，投放市场。复方丹参滴丸销量突破 10 亿元，创下了国内药品单一品种销售额的奇迹。

6．商业性投放

参考做法：

（1）考虑到心血管疾病的专业性，复方丹参滴丸虽然是 OTC 药物，但天士力并没有采用医药企业惯用的"大量广告砸开市场"的方法，而是决定从影响医生处方入手来带动 OTC 市场的销售。

（2）天士力建立了一个非常专业的学术推广队伍。

（3）在做复方丹参滴丸初期，曾在全国召开 4000 多个场次的中药现代化研讨会，派发了 400 万份报纸，这种"专家定位，学术推广"的方式成了天士力的主要营销模式。

（4）一个品牌从创建到成熟，要历经知名度、美誉度等几个阶段，一般会运用广告来打开知名度，用公关活动来打造美誉度。天士力创业初期靠扎实的医院推广来"做广告"、"做口碑"，1997年之后，在进入复方丹参滴丸的维护期后，启动了一系列的公关活动，企业和产品不但吸引了社会的广泛关注，而且提高了企业的社会美誉度。

课业评价

"新产品开发策略"课业评分体系由新产品分析报告和PPT答辩展示两部分构成，见表5-1。

表5-1 "开发新产品"评估标准和评估分值

成果展示与评价			分析报告及PPT形式答辩				
分析报告	分析报告必备项目		市场分析	企业自身情况分析	产品分析	新产品开发策略选择	文字表达
	评价标准		分析市场竞争、市场需求，准确、数据真实、参考文献在近一年内	能够客观、准确分析企业自身的资源、实力	全面并能突出重点	提高新产品开发能力及对新产品的开发进行相关的研究	结构完整、思路清晰、语言流畅
	应得分		10	10	10	20	10
	评价人	企业（50%）					
		教师（40%）					
		学生（10%）					
	实得分Σ60						
	报告最后得分						
PPT答辩	PPT答辩要求		时间	语言组织	表达能力	展现形式	形象及礼仪
	评价标准		控制阐述与回答问题的时间	语言精练、针对性强	表达清楚、准确	汇报形式新颖	形象得体、大方
	应得分		5	10	10	10	5
	评价人	企业（50%）					
		教师（40%）					
		学生（10%）					
	实得分Σ40						
	答辩最后得分						
	任务综合得分Σ100						

课业11 "品牌名称、标志"设计

课业目标

通过本课业训练，使学生深刻认识到品牌设计在现代营销中的重要作用。在当今时代，品牌成为市场竞争的首要因素，已是企业产品和形象的市场标志。品牌的作用表现在：有利于消费者识别产品；有利于保护企业自身利益；有利于市场细分化运作；有利于树立企业形象，培育"品牌忠诚"。

通过本课业训练，帮助学生掌握品牌设计的基本技能。在品牌设计中，学生能够根据设计要求，积极创意，亲手设计出具有吸引力、体现个性化的品牌名称和标志。掌握品牌设计技能，能使学生日后有机会参与企业品牌策划。因为品牌设计是企业营销的重要业务之一，能否策划设计一个好品牌对企业来说是极其重要的，企业可以借助品牌魅力增强市场竞争力，获得更佳效益。掌握品牌设计技能，也能为学生将来自己创业奠定业务基础。

 理论指导

品牌名称和标志设计需要理论指导，只有理解了品牌的内涵、功能，才能对品牌有深刻的认识，才能设计出好的品牌名称和标志。品牌设计所需的指导理论有以下几个。

（一）品牌要素

品牌设计的目的是借以辨认企业自身的产品或劳务，并使之同竞争对手的产品和劳务区别开来。品牌是一个集合概念，其主要要素有下面三个。

1．名称

品牌可以直接用语言表达或称呼的部分。品牌名称是品牌基本的核心要素，它是品牌概念的基础。一个好的品牌名称是品牌被消费者认知、接受、满意乃至忠诚的前提。品牌名称会影响品牌联想，对产品销售产生直接影响。

2．标志

用于区别产品的图案、图形和符号，是品牌易于识别、但不能直接用语言表达或称呼的部分。人们的思想基于印象、认知、认识都是具体的、活生生的，需要以图文并茂来表示品牌。人们更容易识别符号、图案，品牌需要设计标志，便于消费者识别、记住。人们具有"联想"思维，要求以标志来传递品牌信息，一张简单的图片或符号能表达很多意义，引发消费者的联想。学生要能够运用符号、图案来强化品牌定位。使消费者印象深刻，留下深深的烙印，由标志联想品牌定位。

3．商标

商标是注册的品牌，是品牌的法律界定。商标需要经过国家权威机构依法定程序审核通过后获取，是国家依法授予企业的一种权利。经过注册，取得商标所有权的品牌受国际"马德里协定"保护。企业可以享受商标的专用权、使用许可权、继承权、转让权和法律诉讼权。商标是受法律保护的品牌，属于企业的知识产权，是构成企业的无形资产的一部分。

（二）品牌功能

1．识别功能

识别功能是品牌作为区分标志的功能。作为品牌，一定要形成产品视觉形象个性，要成为具有商标差别的特征。消费者正是依据品牌的这一功能，在产品类别中选择自己的购买对象。

2．信誉功能

信誉功能是品牌用以承诺和保证的功能。作为品牌，一定要提供产品的功能特征和利益来满足消费者的需要与欲求，存在于消费者的心智中。品牌的最终目的是通过提供利益优势谋求与消费者建立长久的、稳定的关系，博得他们长期的偏好与忠诚。

3. 价值功能

价值功能是品牌作为无形资产的功能。品牌所代表的意义、品质和特征可以产生品牌价值。品牌能够提供给顾客比一般产品更多的价值或利益——可以是功能性的，也可以是心理性的。品牌能让消费者愿意为购买一个品牌而支付更多的钱，使企业可以形成市场竞争优势，在分销渠道中可以获得杠杆力。

 课业任务

1. 搜索一个有创意的产品品牌标志，并说出选择该产品品牌标志的理由，同时归纳总结出产品品牌标志的特色或特点。

2. 以小组为单位，以 PPT 的形式展示国内（国际）知名品牌的品牌名称和标志的蜕变过程，并说明该品牌名称或标志更改前后的市场影响情况。

3. 要求学生根据品牌设计思路和方法的具体要求，从消费者认知心理和消费模式角度出发，设计某一品牌的名称和标志，使设计的品牌具有创意、新颖、有吸引力。

4. 假设毕业后进行自主创业，各营销团队为自己选定所经营的产品或公司类型，为自己的产品或公司进行品牌名称和标志的设计，并对此设计进行分析。

操作指导

（一）品牌名称设计

1. 设计要求

（1）易懂好记，易于传播沟通。品牌名称设计要求文字简洁流畅，读音清晰响亮、节奏感强。产品所起的名字应该不冷僻，应为大多数人一目了然，读起来朗朗上口。

（2）鲜明、独特，富有个性。具有鲜明特色，极有自我个性的品牌名称才能使顾客印象深刻，过目不忘。

（3）揭示产品功能、利益。品牌名称要与产品实体相符合，能反映产品的效用，可以直接表示产品的性能、用途，揭示产品能够提供给消费者的效用和利益。

（4）突出情感诉求，富有内涵。品牌名称只有突出情感、文化等内涵的诉求，才能吸引消费者。如果产品名称仅仅停留在属性或功能上，在同质化的商品世界里，消费者只能随机选择。因此，更多的时候消费者购买的不是产品、服务的本身，而是心理上的想象和感受。

2. 设计思路

（1）品牌命名要针对目标消费群体，准确把握产品特征，以目标消费者的视点进行命名。

（2）品牌的典故、功能、个性、风格都可能成为品牌定位的依据，但是，通常一个品牌只能有一种真正意义上的定位。为此，品牌名称设计要选择最重要的内容（即其核心价值）进行定位。

（3）品牌名称概念要清晰、准确。清晰的概念能使消费者对其品牌理解、认同、有好感，在清晰的概念中选择品牌。

（4）鲜明的描述易懂好记，能牢牢吸引消费者，并能迅速传播开来，增强品牌影响。

3. 常用方法

（1）人名（公司名）作品牌名。如"李宁"、"福特"。

（2）地名作品牌名。如"青岛啤酒"、"茅台酒"。
（3）动物名作品牌名。如"小天鹅"、"白象"。
（4）花草树木名作品牌名。如"菊花"、"椰树"。
（5）数字或数字与文字组合做品牌名。如"85818"、"三枪"。
（6）"宝"字作品牌名。如"大宝"、"健力宝"。
（7）产品的组合作品牌名。如"两面针"、"玉兰油"。
（8）美好联想的词作品牌名。如"美加净"、"美的"。
（9）产品的功能作品牌名。如"保龄参"、"脑轻松"。
（10）象征地位的名称作品牌名。如"老板"、"太太"。
（11）创造性名称作品牌名。如"海尔"、"Intel"。
（12）组合字首作品牌名。如"3M"、"IBM"。

（二）品牌标志设计

1．设计要求

（1）简洁、凝练。品牌标志设计既简洁又凝练，才能使人过目不忘。一般来说，符号和图形较得宠。简洁的符号、图形符合人们记忆规律的特点，并且能够超越民族、语言以及文化程度的限制，容易被消费者识别、记忆。"三菱"、"耐克"等一批著名品牌的简洁、凝练标志的设计是成功的。

（2）独特、新颖。品牌标志要有创意，独特、新颖的图案、图形、符号更能引起人们的注意。品牌的独特性、新颖性越强，越能吸引消费者，越能与竞争者的产品区别开来，受到的保护力也越大。

2．设计思路

（1）品牌标志要与品牌名称的内涵求得一致。
（2）品牌标志要与目标消费群体定位求得一致。
（3）品牌标志要与产品功能、质量、档次定位求得一致。
（4）品牌标志要与企业经营理念、企业精神定位求得一致。

3．设计方法

（1）"名称标志"设计。把名称与标志合二为一，把品牌名称进行艺术性设计，可以作为与众不同的品牌标志。如 NEC、IBM。

（2）"符号标志"设计。直接运用符号、几何图形作为品牌的标志。这种设计是"抽象标志"设计，运用特定的符号和图形象征性表示品牌的内涵。"抽象标志"设计要求简洁、新颖，给消费者最新鲜的感觉、含蓄的示意或情感的共鸣。如日本"三菱"电机是由三个菱形符合组成的，"耐克"是由"√"符号表示的。

（3）"图案标志"设计。用"象形图案"直接表现品牌的内涵、产品的特征。设计注意：一是图案形象的个性鲜明，图案应富有企业形象、产品特色或具有纪念意义，如日本的"麒麟"啤酒、中国"中华"香烟的图案；二是图案形象的亲切力、感染力，图案的亲切感、活泼性、趣味性会受到消费者的青睐，为此，图案要注意"夸张"设计，塑造可爱的个性形象，如"海尔"两个中法儿童活泼、天真的形象，"麦当劳叔叔"亲切、可爱的形象。

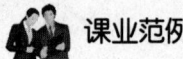 **课业范例**

本课业范例要求为一家服装店设计店名及 LOGO。

（一）企业名称

方案一：Sunny Jamie

含义：老板的名字姓孙，店名叫 sun，即是老板的姓氏拼音，又是太阳的意思，ny 是英语的后缀。sunny 有阳光的，还有孙的拼音，jemmi 是西伯莱语中一个勇敢活泼、有追求、充满爱的女孩的名字，其中文名字叫做阳光婕米。

方案二：Lady.May

含义：may 有五月的意思，象征着温暖活力又很生命的感觉，同时也是一个非常美丽的女孩的名字，lady 是女士的意思，每个来我们服装店购买服装的顾客都可以是 ladymay，其中文名字是丽蒂梅尔。

方案三：Miss.U

含义：Miss 有想念的意思，还有是小姐的称谓，U 即 you（你）的意思，就是对我们的顾客的一个称谓，与此同时，它的意思还是想念你，其中文名字是米思优。

（二）标志设计

方案一：Sunny Jamie

方案二：Lady.May

方案三：Miss.U

图 5-1　品牌标志设计图

课业评价

"品牌名称和标志设计"课业的评估标准及其评估分值见表 5-2。

表 5-2 "品牌名称和标志设计"评估标准及评估分值

课业 11 评估项目	方案设计 评估标准（70%）	方案分析 评估标准（30%）	评估成绩 ∑100 分
1.品牌名称设计 ∑60 分	1.能够从消费者认知心理和消费模式角度进行设计 2.名称设计鲜明、独特，富有个性（方案设计 40 分）	设计说明充分、正确、简练（方案分析 20 分）	
2.品牌标志设计 ∑40 分	1.能够从消费者视觉吸引、记忆规律特点进行设计 2.设计简洁、凝练、独特的品牌符合和图案（方案设计 30 分）	设计说明充分、正确、简练（方案分析 10 分）	

单元六　制定价格策略

在市场营销活动中，价格的制定和变化不仅直接影响消费者的购买行为，也直接影响着企业产品的销售和利润。价格是个令人敏感、异常活跃的因素，不论卖者还是买者都特别关注其变化。在竞争中，商家只要认准行情、顺其自然、巧设技艺、择优定价，就会在竞争激烈的市场大战中获胜。

 单元任务

通过本单元 2 项课业训练，使学生明确影响产品定价的因素，知晓定价的基本程序，会灵活运用各种定价方法及定价策略，并会正确使用价格调整手段，预测价格变动后顾客和竞争者的反应，做好应对准备。

要求学生掌握撇脂定价、渗透价格、满意价格的优缺点，掌握心理定价的形式（尾数定价、整数定价、声望定价、习惯定价、招徕定价）、价格折扣策略（数量折扣、现金折扣、功能折扣、地区折扣、折让）、地区定价策略（产地定价、统一交货定价、分区定价、基点定价、津贴运费定价）、产品组合定价策略（产品线定价、互补品定价、附带产品定价、副产品定价、成组产品定价），并能灵活运用。

要求学生根据市场开发项目的有关成本资料及市场信息资料，为项目开发指向的产品进行价格设计，完成"价格计划方案"的设计任务。

要求学生根据市场的变化，灵活运用价格调整策略，进行产品降价和提价的价格策划，重点培养学生的"分析判断能力"和"敏锐的市场洞察力"。

 **单元意义**

（一）帮助学生认识运用价格策略的重要性

通过本课业训练，使学生认识运用价格策略的重要性。产品定价是企业营销的重要决策，制定合理、灵活的产品价格在市场经济活动中居于十分重要的地位。价格直接影响企业盈利，在销售量和产品成本一定的条件下，价格高低直接决定企业盈利的多少。价格直接影响消费需求，既可促进消费，又可抑制消费。价格是市场竞争的重要手段，企业可以采取薄利多销的策略来扩大销售，提高市场占有率。价格是促销的重要措施，在营业推广中，最活跃、最能促进销售的措施是低价促销。

（二）培养学生在进行产品定价之前的市场分析能力

通过对影响产品定价因素的学习，在实训中加强学生对产品定价目标的选择分析、成本分析、竞争分析、需求及其他因素分析，训练学生思考问题的全面性，提高定价策略的准确性和可行性。

（三）培养学生对产品进行定价策略模拟设计的价格策划能力

通过本课业的实训，使学生了解企业如何应对竞争对手的价格变动，根据市场竞争情况，对不同类型的商品运用不同的定价策略,并对此进行模拟设计,提出设计方案,以便选择有效的定价策略占领目标市场,培养学生的价格策划能力。

掌握产品定价策略对学生专业技能的培养是至关重要的。价格通常是影响交易成败的重要因素,同时又是市场营销组合中最难以确定的因素。企业定价的目标是促进销售,获取利润。这就要求营销策划人员在定价时既要考虑到成本的补偿,又要考虑到消费者对价格的接受能力,还要考虑到竞争对手的竞争状况,更考验学生专业知识的掌握能力以及对市场动向的把握能力。

课时安排(6课时)

本单元在定价策略作为理论指导的基础上,完成以下 2 项基本技能课业,达到本单元实践教学的目标。

课业 12:要求教师对价格计划常用的三种定价方案设计的基本步骤、计算方法、分析思路进行具体指导,教师提供"价格计划方案设计"课业范例,供学生操作参考(指导 2 学时,课堂讨论并完成课业 2 学时)。

课业 13:联系有关项目和资料,完成"调价方案"设计与分析的基本技能课业(指导 1 学时,课堂讨论并完成课业 1 学时)。

课业 12 "价格计划方案"设计

课业目标

通过本课业训练,使学生掌握产品定价的基本技能。根据市场供求变化、竞争对手定价情况及政府干预等诸因素影响,考虑生产者、经销商和消费者三方面利益,能够设计企业营销一般采用的三种价格,即"目标收益定价"、"盈亏平衡——应对竞争定价"和"维持生存定价"。在市场营销活动中,产品定价一直是企业决策者和管理者考虑的重大问题。能够独立设计合理、灵活的定价方案,对学生将来胜任营销工作是很重要的。这一技能的掌握也能为学生将来自己创业奠定营销业务基础。

理论指导

(一)产品价格的构成

价格是产品价值的货币表现,它是由生产成本、流通费用、利润和税金构成的。价格构成的要素中,任何一个要素变化都会引起价格的变化。

$$价格=生产成本+流通费用+利润+税金$$

(二)影响定价的因素

①产品成本
②供求关系
③市场竞争结构

④货币价值与货币流通量
⑤消费者对产品的认知价值
⑥产品特性
⑦宏观经济因素
⑧企业的定价目标
⑨国家政策
⑩其他因素

（三）定价方法

1．成本导向定价法

成本导向定价法是以产品的成本为依据，分别从不同角度制定对企业最有利的价格的定价方法，是中外企业最常用、最基本的定价方法。

①总成本加成定价法

单位产品价格=单位产品成本×(1+成本加成率)

②目标收益定价法

单位产品价格=(总成本+投资额×投资收益率)÷预计销售量
　　　　　　=单位产品成本+投资额×投资收益率÷预计销售量

③边际成本定价法

单位产品成本=单位产品变动成本+单位产品边际贡献

④盈亏平衡定价法

单位产品价格=固定成本/预计销售量+单位产品变动成本

2．需求导向定价法

需求导向定价法，又称差别定价法、价格歧视，是指企业在定价时不再以成本为基础，而是以消费者对产品价值的理解和需求强度为依据。包括：①理解价值定价法；②需求差异定价法；③反向定价法。

3．竞争导向定价法

竞争导向定价法以市场上相互竞争的同类商品价格为定价基本依据，以随竞争状况的变化确定和调整价格水平为特征，主要有：①通行价格定价；②密封投标定价；③竞争价格定价等。

（四）定价策略

1．新产品定价策略

新产品价格就是产品处于导入期的价格。在确定新产品的价格时，最重要的是充分考虑消费者愿意支付的价格。常见的新产品定价技巧和策略有：撇脂定价、渗透定价、满意价格。

2．心理定价策略

根据消费者对价格的不同心理反应进行定价，采用的定价策略有：尾数定价、整数定价、声望定价、习惯定价、招徕定价。

3．折扣定价策略

根据产品交易对象、交易量、交易方式、交易时间的不同进行定价，采用的定价策略有：数量定价、现金定价、功能定价、折让、季节定价。

4．地区定价策略

根据产品销售交货的不同地区进行定价，采用的定价策略有：产地定价、统一交货定价、分区定价、基点定价、津贴运费定价。

5. 产品组合定价策略

根据产品的不同结构进行定价，采用的定价策略有：产品线定价、互补品定价、附带产品定价、副产品定价、成组产品定价。

 课业任务

（一）分别分析下面企业采取何种定价策略，并介绍这种定价方式的特点以及它对整个企业发展的影响。

1. 日本创意药房在将一瓶 200 元的补药以 80 元超低价出售时，每天都有大批人潮涌进店中抢购补药，按说如此下去肯定赔本，但财务账目显示出盈余逐月骤增，其原因在于没有人来店里只买一种药。人们看到补药便宜，就会联想到其他药也一定便宜，促成了盲目的购买行动。

问题：该药店采用的是哪种定价策略？

2. 一家皮革制品厂开发出一种款式新颖的真皮拖鞋，最初定价为每双 200 元，上市后，情况很不乐观，迫于资金需要周转的压力，决定降价处理，以期及时收回资金转向其他项目。然而，即使价格降至每双 50 元，仍无人问津。后来，一位市场策划人员进行了调查，认为每双拖鞋 50 元或 200 元，普通工薪族无力购买，而"大款族"又不屑购买。厂家的价格形象设计实际上处于市场空白点上。于是，建议厂家在改变包装、策划广告的同时，将价格调整为 1188 元，给人们树立一种高档产品的价格形象。厂家接受意见后，积极组织实施，一举成功，建立了独特、鲜明的高档商品价格形象。

问题：该厂采用的是哪种定价策略？并对这种定价策略解释说明。

3. 国内某化妆品有限公司于 20 世纪 90 年代初开发出适合东方女性需求特点的具有独特功效的系列化妆品，并在多个国家获得了专利保护。营销部经理初步分析了亚洲各国和地区的情况，首选日本作为主攻市场。为迅速掌握日本市场的情况，公司派人员直赴日本，主要运用调查法收集一手资料。调查显示，日本市场需求量大，购买力强，且没有同类产品竞争者，使公司人员兴奋不已。在调查基础上，又按年龄层次将日本女性化妆品市场进行了划分，并选择了其中最大的一个子市场进行重点开发。营销经理对前期工作感到相当满意，为确保成功，他正在思考进行一次市场试验。另外，公司经理还等着与他讨论应采取何种定价策略。

问题：作为新产品，你认为该公司应采取何种定价策略？

（二）计算题

1. 某汽车厂的销售网点销售某型号的汽车，售价为 100000 元/辆，但实际进货价只有 70000 元/辆，该产品定价采取成本加成定价法，要求求出加成率。

2. 某企业投入固定成本 200000 元，单位产品变动成本 15 元，预计销售量 50000 件，该企业最大生产能力为 70000 件。

（1）如果企业以保本为定价目标，其保本价格为多少？

（2）若企业定价目标利润为 100000 元，则销售价格应定为多少？

（3）当企业的 50000 件产品售完后，销路不佳，受此影响，企业一直不景气，现有人发来订单，最高报价 16 万，订货 10000 件，企业是否应该接受此订单？说明理由。

（三）案例分析

"移动套餐"端上台

被称为"移动套餐"的辽宁移动电话新话费方案于某年3月起在全省正式施行。"移动套餐"的"花式"共有7种，月租费较低的是30元和98元两种，比较高一些的是568元和788元两种，而属于中间状态的有168元、268元和388元三种。缴纳月租费的档次不同，所被"赠予"的免费通话时间也是差别很大，总的原则是：月租费缴得越多，"被赠"时间就越多，"折扣"越大。月租费30元，每月"被赠"通话时间是48分钟；月租费788元，每月"被赠"通话时间达2588分钟。

思考题：请问该公司所使用的定价策略有几种？分别是什么？使用这些定价策略的好处是什么？

 操作指导

本课业指导结合产品具体财务资料和市场资料，提供"乐力"豆奶的资料如下：

根据财务部门提供的成本信息，"乐力"豆奶的成本构成如下：

（1）厂部生产线提供上海地区30%的生产能力，每年可提供1667万盒（每盒250毫升）。

（2）分摊的固定费用为：①月折旧费20万元，年折旧费240万元；②月管理费13.33万元，年管理费159.96万元。

（3）单位产品的变动费用为：①豆浆、牛奶配方原料，1000毫升0.40元；②辅助材料费用，1000毫升0.24元；③包装费用，每盒0.10元；④人工费用，每盒0.10元；⑤储运费用，每盒0.07元；⑥销售费用，每盒0.08元；⑦考虑税金，每盒0.06元（税金为增值税，为便于教学，将增值税作为固定统计的税金，统计在单位变动费用中）。

（4）经预测，2013年市场需求为1400万盒，总公司要求上海地区的"乐力"豆奶净利润目标为150万元。商业加成率为33%。

（5）市场部提供竞争对手产品的市场价格情况见表6-1。

表6-1 "乐力"豆奶的竞争对手产品的市场价格

品牌	品种	容量	市场零售价
维他奶	维他奶	100毫升	0.80元
维他奶	维他奶	250毫升	1.30元
维他奶	麦精朱古力	250毫升	1.30元
正广和	都市奶	250毫升	1.50元
杨协成	豆奶	250毫升	2.00元
上海光明	巧克力牛奶	200毫升	2.00元
上海光明	纯鲜牛奶	200毫升	2.00元
上海光明	纯鲜牛奶	200毫升	2.30元

根据上述财务、市场有关资料，对"乐力"豆奶设计以下定价方案。

（一）"目标收益"定价价格方案

出厂价格=单位变动成本+(固定成本+预期利润)÷预期销售量
    =0.57+(399.96万+150万)÷1400万
    =0.57+0.3928=0.9628≈0.97元

零售价格=单位出厂价格×(1+商业加成率)
    =0.97×(1+33%)=1.29元

1. 方案分析

（1）方案能够实现利润目标。由于该价格是以市场需求为前提的，计算是根据预期销售量，所以方案利润实现是具有实际意义的。

（2）方案价格不具有很强的竞争力。主要竞争对手是"维他奶"，产品定价是1.30元。

首先，假设"乐力"把产品的市场零售价格定为1.29元，从这一点来看，虽然占了一点点优势，但优势不是很强。

第二，在豆奶市场上，"乐力"的主要竞争对手是"维他奶"，其产品的零售价是1.30元，但该产品的知名度要远在"乐力"品牌之上，而且该产品的营销环境等一系列的因素都不错，"维他奶"是上海的主导品牌，在消费者心目中具有良好的形象，市场占有率很高，相比较"乐力"产品就要逊色不少，处于明显的劣势。

第三，若"乐力"以1.29元进入市场，是打不开销售局面、占领不了市场的。因为在价格方面缺乏消费者放弃"维他奶"、转买"乐力"的吸引力，从而会直接影响企业的预期销售量，以至于可能达不到150万元的目标收益。

2. 分析结论

虽然该方案是根据市场需求制定的，但由于价格缺乏很强的竞争力，会给企业带来风险。因此，此方案不是最优方案。

（二）"盈亏平衡——应对竞争"定价价格方案

保本出厂价格=单位变动成本+(固定成本÷预期销售量)
     =0.57+(399.96万÷1400万)=0.57+0.2856=0.8556元

保本零售价格=单位价格×(1+商业加成率)
     =0.8556×(1+33%)=1.14元

应对竞争的零售价格：1.14～1.30元

因为目前竞争对手产品的市场零售价格的最低价为1.30元。所以"乐力"具有竞争力的价格应该在保本价格1.14元与市场最低价1.30元之间。

1. 方案分析

该方案优势是价格低，具有很强的竞争力。但依照该价格是无法完成企业的预期利润目标的。这就取决于企业注重什么，是企业的目标利润还是企业的产品市场？

当然，企业定价目标定位为利润最大化无可非议。但一个聪明的企业是不会把目光只盯在眼前利益上的，而是要有企业发展空间及其长远利益，这样就必须占有一定的市场份额，这对企业的生存和发展是很关键的。

因此，当企业面临利润最大化和市场最大化而必须两者当期取其一时，企业应该选择后者。具体分析如下：

（1）"乐力"产品1.14～1.30元价格具有竞争优势，价格越低，竞争力越强，最强的竞争价格是"乐力"的保本零售价 1.14 元。

（2）"乐力"产品 1.14～1.30 元的竞争价格在不同程度会影响目标利润实现，价格越低，影响程度越大，当价格定在 1.14 元时，企业利润为零。但高于 1.14 元，企业还是有利润的，企业到底能获多少利润，只能由市场竞争来决定。

（3）如果价格定在 1.14 元，企业也是有获取利润的可能。因为，1.14 元具有很强的竞争优势，可以打开市场，提高销售量，当销售量大于预期销售量 1400 万盒时，每盒单位固定成本 0.2856 元就可以转化成单位利润。

2．分析结论

该方案的价格具有很大竞争力，应该是最优方案。当然对企业的目标利润有所影响，但只要操作指导得当，对利润目标影响不大。

（三）"边际成本——维持生存"定价价格方案

考虑到豆奶产品正处于成熟期，上海市场竞争尤为激烈，"乐力"定价应该做好充分的思想准备。如果"乐力"遭到"维他奶"等竞争对手的封杀，企业的预期边际贡献只能考虑企业补偿固定成本的部分，如果考虑收回 240 万元折旧费，年管理费用 159.96 万元暂时不考虑，使企业在困境中维持生存。基于这种状况，应该设计"维持生存"价格方案。

出厂价格=单位变动成本+(预期边际贡献÷预期销售量)

=0.57+(240 万÷1400 万)=0.57+0.1714=0.7414 元

零售价格=单位价格×(1+商业加成率)

=0.7414×(1+33%)=0.99 元

1．方案分析

（1）此方案价格最低，只有 0.99 元，这是特定时期运用的方案。企业面临严峻形势，在很糟糕的环境下求得生存。正常情况下不使用该方案，因为企业遭受了 159.96 万元的亏损。

（2）此方案价格可以维持现有市场和企业的正常生产。

（3）此方案价格只能暂时使用，不能维持长久。

2．分析结论

目前的形势下，该方案是绝对不适用的，但可作为企业面对困难时的后备方案。

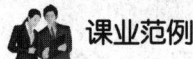
课业范例

"鸿门"老酒产品价格计划

根据财务部提供的成本信息，"鸿门"老酒两个品种的成本构成如下：

（1）厂部生产线提供该产品的生产能力为每年 250 万瓶（500 毫升）。所分摊的固定费用为："黑色醇香"月折旧费 47.5935 万元；"红色峥嵘"月折旧费 20.3477 万元；两个品种的月管理费用都是一样的，为 13.0731 万元。

（2）"黑色醇香"的单位变动费用为：（按目前市场价格计算）原材料费用为 2000 毫升 4.00 元；辅料费用 2000 毫升为 2.40 元；包装费用每瓶 0.30 元；人工费用每瓶 0.70 元；储运费用每瓶 0.40 元；销售费用每瓶 0.80 元；税金每瓶 1.00 元。单位变动费用共计 4.80 元。

（3）"红色峥嵘"的单位变动费用为：（按目前市场价格计算）原材料费用 2000 毫升为 2.48 元；辅料费用 2000 毫升为 2.40 元；包装费用每瓶 0.30 元；人工费用每瓶 0.70 元；储运

费用每瓶 0.40 元；销售费用每瓶 0.80 元；税金每瓶 0.70 元。单位变动费用共计 4.12 元。

另外，市场部提供 2010 年"鸿门"老酒的下列资料：

（1）由于对市场需求估计不足，作为新产品的"鸿门"老酒只生产了 130 万瓶，两个品种各位 65 万瓶。市场对产品反映很好，供不应求。商业加成率为 25%。2010 年产品价格是按"成本加成法"定价的。

（2）据市场调查分析，2012 年市场需求量可以达到 200 万瓶，厂部确定两个品种的销售目标各为 100 万瓶。目标利润定为"黑色醇香"624 万元，"红色峥嵘"376 万元，共计 1000 万元。

（3）据调查，主要竞争对手"和酒"的市场零售价格"五年陈"卖到 15 元，"八年陈"卖到 23 元。在高档黄酒市场具有很高的市场占有率。

（4）据有关信息透露，2012 年"和酒"将进一步占领市场，必然对"鸿门"老酒进行封杀。为了应对这一可能，公司准备减少固定成本的补偿，"黑色醇香"只需补偿 200 万元，"红色峥嵘"100 万元，共计 300 万元。

价格方案设计与分析

经分析 2010 年产品定价并不合理，根据上述资料及市场的有关信息情况，对 2012 年的价格计划进行方案设计。制定下列三种价格方案。

（一）2012 年"目标收益"定价方案分析

黑色醇香：出厂价格=4.8+[(475935+130731)×12+6240000]÷1000000

=18.32 元

零售价格=18.32×(1+25%)=22.9 元

红色峥嵘：出厂价格=4.12+[(203477+130731)×12+3760000]÷1000000

=11.89 元

零售价格=11.89×(1+25%)=14.86 元

分析：

1. 此价格方案能够实现 2012 年目标收益："黑色醇香"624 万元，"红色峥嵘"376 万元。

2. 此价格方案具有可行性，已准确预测了市场需求 200 万瓶。2010 年的 130 万瓶是低估的，实际需求量大于 130 万瓶。产品上市已有 2 年，根据产品生命周期处于成长期，销售量增长率一定大于 10%以上。

3. 此价格方案只具有微弱的竞争优势。和酒"八年陈"23 元，只相差 0.1 元，和酒"五年陈"15 元，只相差 0.14 元；如果和酒一旦降价，连这些微弱的价格优势也没有了，竞争处于被动地位。

（二）2012 年"盈亏平衡——应对竞争"定价方案分析

黑色醇香：保本出厂价格=4.8+(475935+130731)×12÷1000000=12.08 元

保本零售价格=12.08×(1+25%)=15.1 元

和酒"八年陈"市场最低价格=23 元

应对竞争价格为 15.1～23 元

红色峥嵘：保本出厂价格=4.12+(203477+130731)×12÷1000000=8.13 元

保本零售价格=8.13×(1+25%)=10.16 元

和酒"五年陈"市场最低价格=15元

应对竞争价格为 10.16～15 元

分析：

1．此价格方案具有竞争优势，价格越低，竞争力越强，最强的竞争价格就是两个产品的保本价格。

2．此价格方案会影响目标利润实现，价格越低，影响程度越大，当两种产品的零售价分别达到 15.1 元和 10.16 元时，企业利润为零。

3．在此价格方案中，用较低的价格可以打开市场，提高销售量，从而提高利润额。就是用最低的保本价销售，当销售量大于预期销售量时，单位固定成本可以转化为单位利润。

（三）2012 年"边际成本——维持生存"定价方案分析

黑色醇香：单位价格=4.8+2000000÷1000000=6.8 元

亏损额=预算补偿的固定费用-能够补偿的固定费用

=(475935+130731)×12-2000000=5279992 元

红色峥嵘：单位价格=4.12+1000000÷1000000=5.12 元

亏损额=预算补偿的固定费用-能够补偿的固定费用

=(203477+130731)×12-1000000=3010496 元

分析：

1．此价格方案是在特定时期考虑运用的方案，即面临严峻的形势，正常情况下不能使用，否则要付出沉重的代价，估算亏损 8290488 元。

2．此价格方案可以保证维持现有的市场，维持企业正常生产。

3．此价格方案只能暂时使用，不能维持长久。

 课业评价

"价格计划方案设计"课业的评估标准及评估分值见表 6-2。

表6-2　"价格计划方案设计"评估标准和评估分值

课业（12）评估指标	方案设计 评估标准（70%）	方案分析 评估标准（30%）	评估成绩 Σ100 分
1.目标利润 价格设计 Σ40 分	1.能够根据企业利润目标要求，设计针对性的价格方案 2.价格方案计算要求准确（方案 28 分）	1.分析准确 2.分析全面 （方案分析 12 分）	
2.应对竞争 价格设计 Σ30 分	1.能够根据竞争对手，设计具有竞争优势的价格方案 2.价格方案设计要求准确（方案 21 分）	1.分析准确 2.分析全面 （方案分析 9 分）	
3.严峻形势 价格设计 Σ30 分	1.根据市场的严峻形势，设计维持生存的价格方案 2.价格方案计算要求准确（方案 21 分）	1.分析准确 2.分析全面 （方案分析 9 分）	

课业 13　"调价方案"制定

课业目标

通过本课业的实训，使学生了解企业对价格有降价和提价两种调整方式，在价格调整的基础上，应学会分析消费者对商品价格调整的心理反应，以及预测竞争对手采取何种价格应对措施。学生应掌握如何根据企业的发展战略及产品的生命周期，在什么时机以何种方式实施来进行价格调整，从而实现企业的既定目标。培养学生能采取适宜的价格调整策略应对营销环境变化的能力。

理论指导

（一）降价的原因
1. 产品供过于求，企业生产能力过剩，其他营销策略扩大而销售余地小；
2. 企业市场份额由于竞争压力大而下降；
3. 企业生产成本下降，为扩大市场占有率而降价；
4. 技术进步而行业成本下降；
5. 企业转产，老产品清仓处理。一般企业在新产品上市之间需及时清理库存老产品。
6. 政治法律环境及经济形势的变化迫使企业降价。

（二）降价的方式
直接降价、间接降价。

（三）提价的原因
1. 成本升高；
2. 产品供不应求；
3. 改革产品；
4. 竞争策略的需要。

（四）提价的方式
直接提价、间接提价

（五）运用调价策略时必须注意的问题
1. 在调价前，必须做好周密调查，认真分析各方面的情况，确认不能采用其他办法补救时，再采用这一策略。确定调价以后，要制定调价计划，以免仓促上阵，出现失误。
2. 在调价后，要不断分析企业的营销状况和周围环境的变化，这一阶段主要做好三项工作。
①要分析企业市场占有率和利润量的变化；
②要分析客户对调价的反应；
③要研究竞争者对价格调整的反应。

（六）购买者对调价的反应

1. 购买者对企业降价的反应种类：这种产品式样老了，将被新型产品取代；这种产品有某些缺点，销售不畅；企业财务困难，难以经营；价格还要进一步下跌；这种产品质量下降了。

2. 购买者对企业提价的反应种类：这种产品很畅销，不赶快买就买不到了；这种产品很有价值；卖主想尽量取得更多利润。

（七）对竞争者情况的研究

①竞争者为什么要调整价格，是为了扩大生产还是因为成本提高，或者是因为经营不善；②竞争者调整价格是临时性的还是长期性的；③本企业对竞争者的调价做出任何一种反应后，竞争者和其他企业又会采取什么样的措施；④提出调价的竞争者的经济实力如何。

课业任务

（一）案例分析

格兰仕价格调整策略分析

中国家电业的第一屠夫，要算价格竞争刺刀见红的格兰仕集团。

创业之初，格兰仕已认识到在全国只有几十万台容量的狭窄市场上，企业要想有所作为，就必须进行大规模消费引导，迅速扩充市场容量，当多数中国老百姓还不知道微波炉为何物时，谁能在第一时间让他们接受，谁就是赢家。因此，格兰仕发动了一场规模浩大的微波炉"启蒙运动"。使微波炉概念得以迅速普及，格兰仕品牌也随之叫响全国。

面对格兰仕的咄咄逼人之势，"老大"砚华决定与惠而浦合资，联手封杀格兰仕。但是合资后的砚华—惠而浦偏偏却患上了"优柔寡断综合症"，内忧外患，矛盾重重，一项市场推进方案必须先传到香港分部，再传到美国惠而浦总部去审批，一个来回要拖两三个月。梁庆德获悉砚华—惠而浦的"病症"之后，当机立断，组织最强阵容，每一个半月推出一套重点针对砚华—惠而浦的全新价格战，主动出击，格兰仕一轮又一轮的价格战彻底打乱了砚华—惠而浦的阵脚，打得它无力招架，只好沿着格兰仕设下的局疲于奔命。

1995 年年终盘点，格兰仕微波炉销售 20 万台，市场占有率 25.1%，以 0.6%的微弱优势首次盖过砚华—惠而浦，荣登微波炉第一宝座。2002 年"黑马"格兰仕要上演一出"千里走单骑，过五关斩六将"的空调大战，规模上一上，价格让一让，将价格战进行到底，让老百姓得到更多的实惠。

第一次降价，平均降幅达 40%，推动微波炉在国内的普及，当年实现产销 65 万台，市场占有率超过 35%。第二次降价，降幅在 29%～40%之间，使其当年的市场占有率扩大到 47.6%，产销量猛增到 198 万台。第三次以"买一赠三"和抽奖等形式进行变相降价，并逐步将市场重心转到海外。当年，国内市场占有率达到 60%以上，是世界上最大的微波炉生产厂家之一。第四次降价，降幅仍高达 40%，以"五朵金花"系列等中档机为主。第五次降价利刃直指高端市场，高档黑金刚系列微波炉降幅接近 40%，高档机型需求率迅猛提高。全年国内市场占有率高达 76%，国际市场占有率突破 30%，晋升中国家电出口二强之一。

思考：（1）格兰仕为什么敢于采用降价策略拓展市场？

（2）格兰仕采用降价策略的目的是什么？

（3）你认为在什么情况下采用降价策略最有效？

（二）营销游戏

1. 游戏概要：降价？不降价？

每个营销团队派出一个代表参加一个秘密会议。会议内容：每个代表所在的企业从事同一行业，而且该行业的市场价格基本一致，利润率均为9%。如果该行业里有少于3家（含3家）企业做出降价的决定，由于降价达到薄利多销，提升了市场份额，那么降价的企业的利润将提升至12%，其他没降价的企业的利润率降至6%。若3家以上的企业都决定降价，那么整个行业的利润率都将降至6%，请与会的企业代表开个短会达成一致。与会代表开过会后，回到团队中给团队开会，由团队的全体成员讨论决定最终是否降价。时间到时将最终的决定写在纸上，交到老师那里，由老师当场揭开谜底。

2. 时间限制

团队代表开会讨论时间为5分钟，以团队为单位的讨论时间为10分钟，做出决定并上交统计结果时间为5分钟，全体成员讨论心得时间为15分钟，老师总结时间为10分钟。

操作指导

（一）产品降价策略方式的设计

降价最直截了当的方式是将企业产品的目录价格或标价绝对下降，但企业更多地是采用各种折扣形式来降低价格。如数量折扣、现金折扣、回扣和津贴等形式。此外，变相的降价形式有：赠送样品和优惠券，实行有奖销售；给中间商提取推销奖金；允许顾客分期付款；赊销；免费或优惠送货上门、技术培训、维修咨询；提高产品质量，改进产品性能，增加产品用途。

（二）产品提价策略方式的设计

提价必然会引起顾客和中间商的不满，市场营销中应采用不同的措施来平抑提价引起的不满。主要措施：限时提供，在供货合同中注明随时调价的条款；对商品的附加服务收费或取消附加服务；减少或取消折扣或津贴；改动产品的型号或增加某种功能等，并配合企业营销手段。

（三）根据产品的生命周期调整价格策略

1. 导入期的价格策略

可以根据产品的市场定位而采取高、中、低三种价格。

①高价"撇脂"策略：在短期利润最大化的目标下，以远远高于成本的价格推出新产品。好处是不仅在短期内迅速获取盈利，缺点是较高的价格会抑制潜在需求。

②低价"渗透定价"：以较低的价格投放新产品，目的是通过广泛的市场渗透迅速提高企业的市场占有率。优点是能迅速打开新产品的销路，缺点是投资回收期较长。

③满意定价：介于"撇脂"和"渗透"策略之间的中等价格策略，优点是价格比较稳定，缺点是比较保守。

2. 成长期的价格策略

通常的做法是在不损害企业和产品形象的前提下适当降价。

3. 成熟期的价格策略

总体而言，成熟期的价格策略呈现出低价的特点。

4. 衰退期的价格策略

这一阶段主要以保持营业为定价目标，通过更低的价格，一方面驱逐竞争对手，另一方面等待适当时机退出。

（四）针对企业竞争对手价格变动的对策

一般来说，在同质产品市场上，如果竞争者降价，企业必须随之降价，否则大部分顾客将转向价格较低的竞争者；但是，面对竞争者的提价，本企业既可以跟进，也可以暂且观望。如果大多数企业都维持原价，最终迫使竞争者又把价格降低，使竞争者提价失败。

在异质产品市场，由于每个企业的产品质量、品牌、服务、包装、消费者偏好等方面有着明显的不同，所以面对竞争者的调价策略，企业有着较大的选择余地：

第一，价格不变，任其自然，任顾客随价格变化而变化，靠顾客对产品的偏爱和忠诚度来抵御竞争者的价格进攻，待市场环境发生变化或出现某种有利时机，企业再做行动。

第二，价格不变，加强非价格竞争。比如，企业加强广告攻势，增加销售网点，强化售后服务，提高产品质量，或者在包装、功能、用途等方面对产品进行改进。

第三，部分或完全跟随竞争者的价格变动，采取较稳妥的策略，维持原来的市场格局，巩固取得的市场地位，在价格上与竞争对手一较高低。

第四，以优越于竞争者的价格跟进，并结合非价格手段进行反击。降价比竞争者更大幅度，提价比竞争者更小幅度，强化非价格竞争，形成产品差异，利用较强的经济实力或优越的市场地位居高临下，给竞争者以毁灭性的打击。

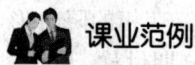 课业范例

案例：一个珠宝定价的有趣故事

位于深圳的异彩珠宝店专门经营由少数民族手工制成的珠宝首饰。位于游客众多、风景秀丽的华侨城（周围有著名的旅游景点：世界之窗；民族文化村、欢乐谷等），生意一直比较稳定。客户主要来自两部分：游客和华侨城社区居民（华侨城社区在深圳属于高档社区、生活水平较高）。

几个月前，珠宝店主易麦克特（维吾尔族）进了一批由珍珠质宝石和银制成的手镯、耳环和项链的精选品。与典型的绿松石造型中的青绿色调不同的是，珍珠质宝石是粉红色略带大理石花纹的颜色，就大小和样式而言，这一系列珠宝中包括了很多种类，有的珠宝小而圆，式样很简单，而有的珠宝则要大一些，式样别致、大胆。不仅如此，该系列还包括了各种传统样式的由珠宝点缀的丝质领带。

与以前的进货相比，易麦克特认为这批珍珠质宝石制成的首饰的进价还是比较合理的。他对这批货十分满意，因为它比较独特，可能会比较好销。在进价的基础上，加上其他相关的费用和平均水平的利润，他定了一个价格，觉得这个价格应该十分合理，肯定能让顾客觉得物超所值。

这些珠宝在店中摆了一个月之后，销售统计报表显示其销售状况很不好，易麦克特十分失望，不过他认为问题原因并不是在首饰本身，而是在营销的某个环节没有做好。于是，他决定试试在中国营销传播网上学到的几种销售策略。比如，令店中某种商品的位置有形化往往可使顾客产生更浓厚的兴趣。因此，他把这些珍珠质宝石装入玻璃展示箱，并将其摆放在该店入口的右手侧。可是，他发现位置改变之后，这些珠宝的销售情况仍然没有什么起色。

他认为应该在一周一次的见面会上与员工好好谈谈了。他建议销售小姐花更多的精力来

推销这一独特的产品系列,并安排了一个销售小姐专门促销这批首饰。他不仅给员工们详细描述了珍珠质宝石,还给他们发了一篇简短的介绍性文章,以便他们能记住并讲给顾客。不幸的是,这个方法也失败了。

就在此时,易麦克特正准备外出选购产品。因对珍珠质宝石首饰销售下降感到十分失望,他急于减少库存,以便给更新的首饰腾出地方来存放。他决心采取一项重大行动,选择将这一系列珠宝半价出售。临走时,他给副经理匆忙地留下一张字条,告诉她:"调整一下那些珍珠质宝石首饰的价格,所有都×1/2。"

当他回来时,易麦克特惊喜地发现该系列所有的珠宝已销售一空。"我真不明白,这是为什么",他对副经理说:"看来这批首饰并不合顾客的胃口。下次我再新添宝石品种的时候一定要谨慎。"而副经理对易麦克特说,她虽然不懂为什么要对滞销商品进行提价,但她惊讶于提价后商品出售的速度惊人。易麦克特不解地问:"什么提价?我留的字条上说价格减半啊。""减半?"副经理吃惊地问:"我认为你的字条上写的是这一系列的所有商品的价格一律按双倍计。"结果,副经理将价格增加了一倍而不是减半。

案例点评: 案例中的副经理由于错误理解了易麦克特留下的字条的意思,将珍珠质宝石进行了提价,误打误撞,反倒促进了产品的销售。产品价格的调整无论是提价还是降价,都会给消费者提供一种信号,对消费者产生购买与否的引导。消费者对产品提价的可能反应有:①产品很畅销,不赶快买就买不到了;②产品很有价值;③卖主想赚更多的利润。生活水平较高的消费者的这些反应加速他们对异质品产品的购买。

 课业评价

"调价方案制定"课业的评估标准及评估分值见表6-3。

表6-3 "调价方案制定"评估标准和评估分值

评估项目	评估标准 课业是否基本完成 评估分值60分	课业是否达到要求 评估分值40分	考评成绩 Σ100
课业13: "价格调整方案"设计与分析 Σ100	基本完成,得60分 没有基本完成,酌情扣分	1. 降价策略分析(20) 2. 提价策略分析(20) Σ40,没有达到酌情扣分	

单元七 选择渠道策略

企业仅有适销对路的产品尚不能打开市场,还须通过适当的渠道来实现产品从生产者到消费者的转移。因而,企业在做出产品策略的决定之后,还必须研究渠道策略。渠道策略是整个营销系统的重要组成部分,是规划中的重中之重。它对降低企业成本和提高企业竞争力具有重要意义。

企业营销渠道的选择将直接影响到其他的营销决策,它同产品策略、价格策略、促销策略一样,也是企业是否能够成功开拓市场、实现销售及经营目标的重要手段。

单元任务

通过本单元 2 项课业训练,更好地理解选择渠道策略理论,较全面地掌握分销渠道分析技能,实现课程教学目标。

要求学生把所学的"分销渠道策略"、"销售渠道的选择与管理"理论运用于分销渠道实践,联系有关项目或资料,对分销渠道进行可行性分析,在实践运用中理解分销渠道策略理论,掌握销售渠道的选择与管理的基本技能。

要求学生完成2项基本技能训练,即"分销计划方案设计"和"销售渠道的选择与管理"。

要求学生在"选择渠道策略"技能培养的课业训练中,增强各项通用能力,对"分析判断能力"、"应变适应能力"进行重点培养。

单元意义

(一)帮助学生理解"选择渠道策略"的重要作用

通过本单元课业训练,使学生能够把选择渠道策略理论运用到分销渠道实践中,理解渠道策略的正确运用对企业成功开拓市场、实现销售及经营目标具有重要作用。销售渠道的选择与管理要求企业根据市场的变化相应调整有利的渠道,有助于企业形成竞争优势。

(二)帮助学生掌握"分销计划方案设计"、"销售渠道的选择与管理"技能

通过本单元课业训练,使学生能够掌握分销渠道策略,根据企业的具体情况进行分销渠道"长度"设计、分销渠道"宽度"设计和分销渠道"成员"选择。学生对渠道成员正确选择之后,还要激励、评估渠道成员,根据市场环境的变化对渠道做出相应的调整。

掌握"分销计划方案设计"、"销售渠道的选择与管理"技能对学生将来胜任市场营销工作是非常重要的。两项技能均需要很强的分析能力、实践能力和创新能力。

课时安排(4课时)

本单元把渠道策略作为课业理论指导,完成以下 2 项基本技能课业的训练,达到本单元实践教学的目标。

课业14:联系有关项目或资料,完成"分销计划方案"设计的基本技能课业(指导1课

时，课堂讨论完成课业1课时）。

课业 15：联系有关项目或资料，完成销售渠道的选择与管理的基本技能课业（指导 1 课时，课堂讨论完成课业 1 课时）。

课业 14　"分销计划方案"设计

课业目标

通过本课业训练，使学生认识分销策略运用，即选择合理分析渠道是企业营销的重要决策。一旦选错了渠道，不仅要遭受经济的巨大损失，而且要纠正这一过失是非常费时费力的。企业都十分注重分销渠道的选择。合理分销渠道是实现产品销售的重要途径，是节约销售费用、提高产品竞争力的重要手段，有助于促销活动的开展。

通过本课业训练，使学生掌握分销计划方案设计的基本方法。科学地分析营销环境是渠道选择的依据与基础。学生能够根据收集的市场信息资料，进行分析市场环境状况，依据产品因素、市场因素、中间商状况、厂商本身条件、环境因素来设计分销渠道的"长度"、"宽度"、"成员"方案，掌握分销渠道选择的基本技能。对分销渠道能独立进行设计，这对我们学生将来胜任营销工作是很重要的，这一技能的掌握也能为学生将来自己创业奠定业务基础。

理论指导

（一）分销渠道的特点

分销渠道是指产品和服务从生产者向消费者转移过程中所经过的路线，又称销售渠道或销售通路。中间商作为渠道主要成员构建了分销渠道；分销渠道是由各产品流转环节衔接的，推动产品由生产者到消费者流动的途径；分销渠道呈网络形态，渠道成员分布于各个区域范围内，形成了渠道网络。现代分销渠道的建设要从企业整个营销体系运作系统来构思。

（二）分销渠道基本模式

在现代营销过程中，商品分销渠道的模式很多，通常按照渠道的环节来划分，可以把分销渠道大致分为以下四种模式：

渠道1：生产者→消费者；

渠道2：生产者→零售商→消费者；

渠道3：生产者→批发商→零售商→消费者；

渠道4：生产者→代理商→批发商→零售商→消费者。

（三）分销渠道策略

1. 分销渠道"长度"策略

分销渠道的选择首先要设计分销渠道的"长度"，就是确定渠道环节的多少，即对长渠道与短渠道进行选择，也称为分销渠道模式的选择。"长"、"短"渠道选择会受到产品、市场、中间商、厂商自身、环境等因素制约。从生产者观点看，渠道越长，渠道环节越多，控制就越困难，所以尽量选择短渠道。但也要视具体的情况来定，对有些企业、有些产品来说，选择长渠道有其客观必然性。对一个企业来说，渠道的选择可以是一种模式，也可以是多种模式。在多种分销渠道模式中要确定主要的分销渠道模式。

2. 分销渠道"宽度"策略

分销渠道的选择还要设计分销渠道的"宽度"，就是确定分销面的大小，对中间商数目多少进行确定，即对宽渠道和窄渠道的选择。在进行中间商数目多少的选择中，根据产品、市场、中间商、企业的具体情况，可以采用三种分销策略，即"广泛性分销"、"选择性分销"、"独家分销"策略。这三种分销策略各有利弊，只能根据具体条件来进行选择。

3. 分销渠道"成员"策略

在分销渠道基本模式中，有三种分销渠道模式都是以中间商作为中介。这些中间商无论是零售商还是批发商和代理商，在产品销售中都有各自的优势和劣势，要求生产商选择最有优势的渠道成员进行合作。在选择渠道成员时，需要对他们进行评估，评估的具体因素有：①合法经营资格；②目标市场定位；③地理位置；④营销策略；⑤销售能力；⑥服务水平；⑦储运能力；⑧财务状况；⑨企业形象；⑩管理水平。根据最优化原则，选择最有实力、最善于销售、最守信誉的中间商作为自己企业的合作伙伴，本着双赢的原则，把分销渠道落在实处。

 课业任务

要求学生把分销策略理论运用于营销实践，联系有关项目或资料，为中国移动公司手机卡开拓销售渠道，设计约 2000 字的"分销计划方案"。

要求学生依据分销策略要求，根据市场需求状况，分析竞争对手分销策略，选择最佳的分销渠道，对分销渠道的"长度"、"宽度"、"成员"方案进行设计。

要求学生通过"分销计划方案"课业实践训练，更好地理解分销策略的重要作用，掌握分销计划方案设计的基本技能。

 **操作指导**

根据分析的市场信息资料来选择合理的分销渠道，提出具体的方案设想。本课业指导需要结合范例《"维维"豆奶分销计划方案》进行指导。

（一）分销渠道"长度"设计

根据具体的情况选择分销渠道，即根据产品因素、市场状况、中间商情况、企业本身条件、宏观环境因素选择渠道的"长"或"短"。具体方案如下：

1. "最短渠道"方案

渠道 1：生产者→消费者

这是"最短渠道"策略，采用直接渠道方案，公司直接把产品销售给消费者。直接渠道有利于商品及时销售；直接了解市场，便于产销沟通；提供售后服务；节省流通费用；有利于控制商品价格。不足之处是企业在产品销售上需要花费一定的物力、人力、财力；销售范围受到较大限制，从而影响销售量。

直接渠道是工业用品分销渠道的主要模式，在消费品市场，这种模式有扩大趋势。其形式有以下几种：厂商直销产品、派员上门推销、邮寄销售、电话销售、电视销售及网上销售。

课业范例提及的豆奶产品应该考虑这一方案。采用此方案需要设计较强的公司销售机构，要为建立公司的销售队伍提出具体对策。如：①企业可自行招聘社会人员，并对其组织培训；

②在企业内部吸纳一部分人从事推销活动；③雇佣一些兼职人员，例如在校大学生，但培训有困难。

2."短渠道"方案

渠道2：生产者→零售商→消费者

这是"短渠道"策略，采用通过零售商完成销售的渠道方案。一般来说，销售批量大、市场比较集中或技术复杂、价格较高的产品适用短渠道。短渠道可以使商品迅速到达消费者手中；减少商品损耗，做好售后服务；节省流通费用，降低产品价格。但不足之处是企业面对众多的零售商，购销业务繁忙。采用此方案需要对零售业态进行分析评估，然后再作选择。

课业范例提及的豆奶设计了"短渠道"方案，对食品零售业态进行了分析评估，适应豆奶销售的零售业态有：①大卖场；②连锁超市；③便利店；④食品商店；⑤百货商场；⑥路边小摊。通过分析这些零售业态各自的优势与不足，选择合理分销渠道。

3."长渠道"方案

渠道3：生产者→批发商→零售商→消费者

渠道4：生产者→代理商→批发商→零售商→消费者

这是"长渠道"策略，采用2至3个中间商完成销售的渠道方案。一般来说，销售量较大、市场范围广、技术不是很复杂、价格较低的产品宜采用长渠道。长渠道可以使生产者充分利用各类中间商的优势扩大销售。但其缺点是流通费用增加，不利于减轻消费者的价格负担。采用"长渠道"方案需要对批发商或代理商状况进行分析，选择合理的分销渠道。

4."多模式"方案

一般来说，企业都会选择多种分销渠道。课业范例提及的维维公司就是根据豆奶产品特点、目标市场需求状况和企业营销状况，选择了以下两种分销渠道：

渠道1：生产者→消费者

渠道2：生产者→零售商→消费者

在多种分销渠道模式中，无论制造商还是零售商、批发商和代理商，在产品销售中都有各自的优势和劣势。要求进行比较，充分利用最有优势的渠道模式作为企业的主要分销渠道，还可以选择其他有利渠道。维维公司利用零售商的优势为企业的主要分销渠道，自己直销渠道为辅，使两者相辅相成，相互补充，互相促进。

（二）分销渠道"宽度"设计

分销渠道还要设计"宽度"，就是对渠道同一层次上中间商数目的选择，确定分销面的大小，即宽渠道和窄渠道的选择。在对中间商数目选择时，需要根据产品、市场、中间商、企业的具体情况，考虑运用广泛性分销策略、选择性分销策略、独家分销策略设计三种基本方案。

1."宽渠道"方案

运用广泛性分销策略，采用宽渠道方案。此方案要求企业尽可能多地选择中间商来销售自己的产品。通过多家中间商、广泛的分销面，迅速地把产品推入流通领域，使消费者随时随地买到需要的产品，提高产品的销售效率。但此方案的不足之处是每个层次的同类中间商较多，生产者与中间商的关系松散，不利于合作。

课业范例中维维豆奶的两种分销渠道的选择都采用了广泛性分销策略。方案设计如下：

渠道1直销点的分销面：维维公司在上海所有20个区县中建立销售机构，负责进行整个地区的销售。选择的销售对象为：①中小学校覆盖率 70%以上；②经济效益较好的企事业单位达到 60%以上；③体育娱乐中心力求销售覆盖的最大化。

渠道 2 零售商的分销面：维维公司充分利用零售商进行销售，进行最大化铺点销售。具体的覆盖面作了以下安排：①大卖场覆盖率达 100%；②连锁超市覆盖率达 80%以上；③便利店覆盖率达 80%以上；④食品商店覆盖率达 60%以上；⑤路边小摊覆盖率达 70%以上。

2．"窄渠道"方案

运用选择性分销策略，采用窄渠道方案。此方案要求企业在某一区域目标市场上只选择少数几个中间商来销售自己的产品。被选择的中间商在当地市场有一定的地位和声誉。这种渠道有利于制造商借助中间商的信誉和形象提高产品的销售能力。但方案的不足之处在于这样的中间商要求往往较高，销售折扣较大，制造商开拓市场费用比一般要高。

3．"最窄渠道"方案

运用独家分销策略，采用最窄渠道方案。此方案要求企业在某一区域目标市场上只选择一家中间商销售其产品。所选择中间商一般在当地极有声望，居于市场领先地位。这样的方案设计的目的是企图通过中间商的良好形象和优势，迅速提高产品知名度。采用独家分销方案，厂商一般要给中间商较大的促销支持，中间商因能获得独家分销的利益也会通力合作。在销售过程中，运货、结算手续大为简化，便于销售管理，也便于信息反馈。方案的不足在于产品销售的市场面狭窄，市场占有率低，不便消费者购买；同时，经营风险也较大。

（三）分销渠道"成员"选择

1．渠道成员评估因素

分销渠道的选择是具体的，要落实到每一家商家。在选择渠道成员时，需要对有关中间商进行评估。具体评估的因素有：①合法经营资格；②目标市场定位；③地理位置；④营销策略；⑤销售能力；⑥服务水平；⑦储运能力；⑧财务状况；⑨企业形象；⑩管理水平。

2．渠道成员选择要求

在渠道成员评估的基础上，应该根据最优化原则对商家进行选择，选择最有实力、最善于销售、最守信誉的中间商，作为自己企业的合作伙伴，本着双赢的原则，把分销渠道网络落在实处。当然，最优化原则是相对的，要相对于自己的产品、自身企业的条件而言。

在课业范例中，维维公司在选择零售商时，要注意这些商家经销年数的长短、商业信誉的好坏、是否更容易接近目标市场；还必须观察他们的经营管理水平、服务水平、促销措施、偿付能力等，并对这些商家能否在市场覆盖、市场开发、市场情报、技术服务等方面为公司提供出色的服务，在销售其他产品的数量、特征及推销力量方面做得怎样等情况作深入调查。鉴于这些要求，维维公司应选择家乐福、麦德龙、乐购、易初莲花、欧尚、好又多、世纪联华、华联吉卖盛等大卖场，连锁超市有联华、华联、农工商、捷强、家家乐等，连锁便利店有好德、联华、可的、21CN、良友、罗森等零售商作为渠道成员，因为他们不但具有较好的商业信誉和经济实力，而且对豆奶销售具有丰富经验。

 课业范例

"维维"豆奶分销计划方案

"维维"利乐包豆奶要想迅速在上海市场推广，除了以上乘品质、同等价格渗透市场，

利用"维维"品牌的知名度,通过有效的广告宣传外,还需要通过销售网络布局来推广产品。

"维维"豆奶在上海市场已有发达的销售网络。目前豆奶销售基本分为5条分销体系,即与6家大型专场、8家连锁超市公司、4家便利店配送公司、几十家百货商场、交易市场主要批发商建立业务关系。这种分销渠道的建立对"维维"豆奶迅速进入上海市场非常有利,能在短时间内使产品迅速摆上1000家以上大中型售点的柜台。但对豆奶饮料而言,缺乏街头冰点销售网络,对豆奶饮料的推广是一个障碍。

总公司要求当年上海地区的"维维"利乐包豆奶营销目标为1500万包,利润目标为150万元。具体的营销指标为市场占有率的10%;售点覆盖率大卖场100%、连锁超市80%以上、连锁便利店80%以上、百货商场60%以上、街头冰点50%以上。为完成上海地区的营销目标,特制订以下的"维维"豆奶分销计划方案。

(一)分销渠道长度选择

根据当前市场状况及其产品、企业的具体情况,我们认为维维公司销售渠道应采取少环节的最短渠道和短渠道,即渠道1和渠道2两个方案。

渠道1:生产者→消费者

渠道2:生产者→零售商→消费者

其理由为:

1.从产品特点和市场状况看

(1)豆奶与其他食品相比,它的保质期要短很多,因此在选择渠道上,我们应该尽量减少渠道的中间环节,使产品在流通过程中所耽搁的时间越少越好,让消费者在最短的时间内购买到最新鲜的豆奶,在品质上得到最好的保证。

(2)这次推出的"利乐包豆奶"伴随着新口味、新包装的一系列的革新和改进,俨然是以一种新产品的姿态打入市场,所以更需要在广告热播等推广活动的带动下,要求在第一时间内把产品送到消费者的面前,也就是要在消费者对该产品发生兴趣并产生购买欲望的时间段中,让消费者能够购买到,以获得最好的效果。分析渠道的选择必须采用少环节的短渠道,最好是直接渠道。

(3)由于豆奶消费的市场覆盖面很广,可以上至七旬老翁,下至牙牙学语的儿童,人们对它的需求量很大,该市场还未处于一种白热化的竞争状态。但是很多产品早先进入市场,而且是在消费者的心目中已建立起一定的良好形象的品牌。维维集团应该采用短渠道,尽快让自己的产品出现在柜台上,占据一定的份额,抢占时机。

2.从企业当前的困难看

资金问题一直是困扰企业经营的大问题,且不易解决。对策之一就是可以通过销售周期的缩短,采用短渠道的分销策略来加快企业的资金周转,及时收回货款,以利于新产品的开发或进行更有利的广告促销攻势。

3.从充分利用零售商的优势看

零售商在产品促销方面更富有经验。为此,维维公司要充分发挥零售商的积极性,尽量采用渠道2。因为豆奶是一种薄利多销的商品,它的成本是不低的,再加上各种广告费,促销等一切用于提高销售、打开市场的费用,往往会给企业造成严重负担。而且企业能把产品推向的面也很窄,对市场的需求缺乏直观的了解,有可能导致销售不对路,给企业带来更大损失。如采用渠道2来销售,可以在很大程度上得到改善。可以依靠零售商的现有场地、人员及其丰富的促销经验帮助推销本企业的产品。这就要求企业和零售商之间有很好的交流与协商，让零售商了解本企业产品、企业的理念，使产品在促销的过程中不只是获得销售量的提高，更主要的还能帮助宣传企业的良好形象，更好地实现双赢，实现企业的营销计划。

从上述分析可见，应该选择两条分销渠道，如果只选择一条渠道的话，难免无法顾及到分销的全面性，两条渠道则可以相辅相成，并且弥补各自的不足之处，利用分销渠道把产品打到市场的各个层面。

（二）分销渠道宽度选择

根据当前市场状况及其产品、企业的具体情况，我们认为维维公司的销售渠道应采取广泛分销的宽渠道方案。

1．"渠道1"运用广泛分销策略，采用"宽渠道"方案

维维公司应该在上海20个区县，组织销售人员把产品推销到街道的各个角落，在每个区县建立推销部，例如黄浦区是一个比较小的区，我们就可以在该区安排20～30名销售人员（人数仅供参考），而普陀区就要大得多，我们在那里可以安排50～60名销售人员，此外还要注重一个地理位置的关系，位于市中心、居民区比较大、学校比较多的地区，也需要分派比较多的人；一个地区的销售人员无论人数的多或是少，他们就是一个推销部门，负责进行整个地区的销售。销售对象分布如下：

（1）中小学校。豆奶作为课间的营养饮品，覆盖面追求最大化。小学达90%以上；普通中学达70%以上；重点中学达75%以上。

（2）单位企业。豆奶作为定期的福利（以券的形式），在午餐时提供，最好是一些经济效益较好的企事业单位。覆盖率最好达到60%以上。

（3）体育娱乐中心。在体育比赛或文娱演出时，豆奶作为间隙免费提供，可以与门票捆绑在一起出售。具体的覆盖率比较难以统计，但力求销售覆盖的最大化，影响力越大，销售的效果越好。

2．"渠道2"运用广泛分销策略，采用"宽渠道"方案

维维公司充分利用零售商进行销售，进行最大化铺点销售。具体的覆盖面作了以下安排：①大卖场覆盖率达100%；②连锁超市覆盖率达80%以上；③便利店覆盖率达80%以上；④食品商店覆盖率达60%以上；⑤路边小摊覆盖率达70%以上。

（三）分销渠道成员选择

针对渠道2，维维公司在选择零售商时，注意了他们经销年数的长短、商业信誉的好坏、是否更容易接近目标市场；还观察了他们的经营管理水平、服务水平、促销措施、偿付能力等。并对这些零售商能否在市场覆盖、市场开发、市场情报、技术服务等方面为公司提供出色的服务，在销售其他产品的数量、特征及推销力量方面都做了深入细致的调查。

鉴于目前的状况，维维公司应将下列零售商作为渠道成员，因为他们不但具有一定的经济实力，而且在豆奶产品的销售上具有丰富经验。主要零售商可以确定为：

1．大卖场：家乐福、麦德龙、乐购、易初莲花、欧尚、好又多、世纪联华、华联吉卖盛等。

2．连锁超市：联华、华联、家家乐、农工商、捷强超市等。

3．连锁便利店：好德、联华、可的、21CN、良友、罗森等。

（资料来源：秩名．http://wenku.baidu.com.2013-03-01.）

课业评价

"分销计划方案设计"评估标准和评估分值如表 7-1 所示。

表 7-1 "分销计划方案设计"评估标准和评估分值

课业 14 评估指标	方案设计 评估标准（70%）	方案分析 评估标准（30%）	评估成绩 Σ100
1. 渠道长度设计 Σ30 2. 渠道宽度设计 Σ30 3. 渠道成员设计 Σ40	1. 能够从产品、市场、企业条件、环境状况出发，设计合理、有效的分销渠道方案。 2. 方案有针对性、内容具体、具有可行性	方案分析能够紧扣主题、分析全面、正确、条理清楚	

课业 15　销售渠道的选择与管理

课业目标

通过本课业训练，使学生能运用渠道管理理论和策略，根据产品和市场情况，选择合适的销售渠道，并对其进行评估、激励和调整，提高销售渠道的选择能力、策划能力、开发能力及对渠道各环节的管理能力。

理论指导

（一）分销渠道的概念

分销渠道是指产品和服务从生产者向消费者转移过程中所经过的路线，又称销售渠道或销售通路。它包括商人中间商（因为它们取得所有权）和代理中间商（因为它们帮助转移所有权）。中间商是指处于生产者和消费者之间，参与商品流通业务，促进买卖行为发生和实现的组织或个人。

（二）渠道成员的选择

渠道成员的选择就是从众多的相同类型的渠道成员中，选出适合企业营销渠道结构的、能有效帮助完成企业分销目标的分销伙伴的过程。除直销渠道结构不存在选择渠道成员外，其他任何因渠道设计而确立的渠道结构都必须面临对渠道成员的选择。一般来说，渠道成员的选择要经过以下步骤：设立选择渠道成员的原则和标准、确定"候选"渠道成员、评估"候选"渠道成员、谈判和获得渠道成员。

（三）分销渠道的管理

生产者在选择了渠道模式和确定具体的中间商以后，就需要对渠道实施行之有效的管理。分销渠道的管理包括对渠道成员的激励、定期评估和调整等工作。

 **课业任务**

娃哈哈：渠道的成功与困惑

杭州娃哈哈集团有限公司是目前中国最大的食品饮料生产企业，主要生产含乳饮料、瓶装水、碳酸饮料、茶饮料、果汁饮料、罐头食品、医药保健品七大类 50 多个品种的产品。2003 年，公司营业收入突破 100 亿元大关，成为全球第五大饮料生产企业，仅次于可口可乐、百事可乐、吉百利、柯特四家跨国公司，位居中国饮料行业首位。

娃哈哈的产品并没有很高的技术含量，其市场业绩的取得与它对渠道的有效管理密不可分。娃哈哈在全国 31 个省市选择了 1000 多家能控制一方的经销商，组成了几乎覆盖中国每一个乡镇的联合销售体系，形成了强大的销售网络。娃哈哈非常注重对经销商的促销激励，其返利激励和间接激励相结合的全面激励制度既激发了经销商的积极性，又保证了各层销售商的利润。娃哈哈还通过帮助经销商进行销售管理、提高销售效率来激发经销商的积极性。娃哈哈各区域分公司都有专业人员指导经销商，参与具体销售工作；各分公司派人帮助经销商管理铺货、理货以及广告促销等业务。

娃哈哈的经销商分布在全国 31 个省市，为了对其行为实行有效控制，娃哈哈采取了保证金的形式，要求经销商先交预付款，对于按时结清货款的经销商，娃哈哈偿还保证金并支付高于银行同期存款利率的利息。

同时，娃哈哈与经销商签订的合同中严格限定了销售区域，将经销商的销售活动限制在自己的市场区域范围之内，并通过产品包装上的编号，准确监控产品去向。娃哈哈还专门成立反窜货机构，巡回全国严厉稽查，保护各地经销商的利益。

娃哈哈全面激励和奖惩严明的渠道政策有效地约束了上千家经销商的销售行为，为庞大渠道网络的正常运转提供了保证。凭借其"蛛网"般的渠道网络，娃哈哈的含乳饮料、瓶装水、茶饮料销售到了全国的各个角落，并形成规模优势。

面对可口可乐、百事可乐和康师傅、统一的全面进攻，娃哈哈大胆创新，应用联销体思路，尝试大力开展销售终端的启动工作，从农村走入城市。与可口可乐、百事可乐比，娃哈哈在品牌、资金方面不占优势，关键是扬长避短，发挥自己的优势，抑制对方长处。在推出非常可乐时没有正面与强手展开竞争，而是瞄准中西部和广大农村市场，通过错位竞争，借助于强大的营销网络布局，把自己的可乐输送到中国的每一个乡村和角落地带，利用"农村包围城市"的战略在中国碳酸饮料市场占据了一席之地。

有学者将娃哈哈的成功模式归结为"三个一"，即"一点，一网，一力"。"一点"指的是它的广告促销点，"一网"指的是娃哈哈精心打造的销售网，"一力"指的则是经销商的能力。其运作流程是：先通过强力广告推新产品，以广告轰炸把市场冲开，形成销售的预期；接着通过严格的价差体系做销售网，通过明确的价差使经销商获得第一层利润；最后常年推出各种各样的促销政策，将企业的一部分利润通过日常促销与年终返利让渡给经销商。但这种模式也存在着问题：当广告越来越强调促销的时候，产品就会变成"没有文化"的功能产品，而不是像可口可乐那样成为"文化产品"。结果会造成广告与产品之间的刚性循环：广告要越来越精确地找到"卖点"，产品要越来越多地突出功能，结果必然是广告的量要越来越大，或者是产品的功能要出新意，才能保证销量。

思考：

1．为了实现有效的渠道网络管理，娃哈哈采取了哪些措施？取得了什么样的效果？

2．你认为娃哈哈现有销售渠道的主要问题在什么地方？娃哈哈应当如何对现有销售渠道加强选择和管理？

（资料来源：秩名．http:/ www.doc88.com.2013-03-01．）

 **操作指导**

（一）渠道成员的选择

1．选择渠道成员的原则和标准

选择渠道成员的原则包括：到达目标市场原则、形象匹配原则、能力匹配原则、通力合作原则。

选择渠道成员的标准包括：一般要考虑渠道成员的财务能力（财务状况、信用度）、市场能力（市场覆盖范围、销售能力和业绩、销售队伍）、产品能力（产品线）、管理能力（管理层稳定性、规模、声望、理念）。

2．确定"候选"渠道成员

一般可通过内部途径（销售人员寻找）和外部途径（通过商业组织、出版物、电话簿、中间商征询、商业展览会或交易会、广告、顾客等方式寻找）。

3．评估"候选"渠道成员

可以用销售量评估法、因素评分法和销售成本评估法等进行评估。

4．谈判和获得渠道成员

经过对"候选"渠道成员进行评估后，企业可以确认哪个或哪些是最后的选择。

（二）激励渠道成员

激励渠道成员，使其出色地完成销售任务。

1．开展促销活动

利用广告宣传推广产品，协助安排商品陈列，举办产品展览和操作表演，训练推销人员，或根据中间商的推销业绩给予相应奖励。

2．资金支持

一般可采取售后付款或先付部分货款待产品出售后再全部付清的方式，以解决中间商资金不足的困难。

3．协助中间商搞好经营管理，提高营销效果

4．提供情报

定期或不定期地邀请中间商座谈，共同研究市场动向，制订扩大销售的措施；企业还可将自己的生产状况及生产计划告诉中间商，为中间商合理安排销售提供依据。

5．与中间商结成长期的伙伴关系

把生产者和中间商双方的要求结合起来，建立一个有计划的、内行管理的纵向联合销售系统，其目的是使双方都能从中获利。

（三）评估渠道成员

定期对渠道成员进行评估，以发现问题，提高渠道的效率。

1．测量渠道成员绩效的主要方法：①与历史比较法，对低于该群体平均水平以下的中间

商,必须加强评估与激励措施;②与配额比较法,企业的调查与激励措施可以集中于那些未达成既定比率的中间商。

2. 测量渠道成员绩效的主要指标

一类是以行为为基础的定性测量,如服务部门的工作质量、产品保证、顾客投诉处理能力、中间商竞争能力和中间商的适应能力等;另一类是以产出为基础的定量测量,如销售额、利润、利润率和存货周转等。

（四）渠道调整

由于市场环境处于不断变化的过程,生产企业要保持渠道的高效性,就必须根据需要合理调整渠道成员。

1. 增减渠道成员

在某一分销渠道里增减个别中间商。需要做经济分析,要考虑增减某个中间商对企业盈利的影响,对其他渠道成员销售本企业产品的影响等问题,以便事先采取相应措施,防止不利局面的出现。

2. 增减渠道

增减某一渠道模式。在减少或增加某条渠道时,要考虑增减某一渠道会带来的经济效益以及其他渠道的反应,并且要估计到被剔除的渠道日后可能成为本企业渠道的竞争者,保留的渠道是否会产生不安全感,从而降低销售量等的可能性。生产者需对可能的情况考虑相应对策。

3. 调整全部渠道

对所利用的全部渠道进行调整。如直接渠道改为间接渠道,单一渠道改为多渠道等。它不仅使全部销售渠道改观,而且还会涉及营销组合因素的相应调整、营销策略的改变。

 课业范例

公司分销渠道成员的选择与激励

众所周知,白酒属于快速消费品行列,从其特点可知,消费者不仅具有明显的品牌观念,而且对消费的便利性要求较高;另外,易形成冲动购买,只有善于沟通、和消费者建立起亲密感,才能成为消费者乐于接受的品牌。我们的首要工作就是把产品以最快的速度铺到消费者的面前,让消费者见得到,买得到。只有拥有高效的营销渠道才能做到这一点。为此,渠道成员的选择和激励显得尤为重要。而渠道成员的选择任务就是要找到适合公司渠道结构的、能有效帮助完成公司分销目标的分销伙伴的过程。而本公司是一家以送礼为经营理念的公司,中心业务是对五粮液进行包装,使其更符合送礼的要求。

（一）渠道成员的选择

1. 选择中间商的原则

（1）到达目标市场原则

我们公司是以送礼为中心理念,因此我们的目标市场就是中高收入人群,且目标为送礼的人群。而通常这些人群都没有一个能为他们提供符合要求的购物场所,因此本公司本着方便为客、顾客至上的原则,在中高收入人群聚居地设连锁专卖店以及中高档消费场所设专卖点(白酒酒庄、酒店、大型超市、购物商场),方便顾客选购。

(2) 形象匹配原则

在中高收入人群聚居地设连锁专卖店以及中高档消费场所设专卖点（白酒酒庄、酒店、大型超市、购物商场）时，应注意所选出的中间商形象要符合产品的形象。

(3) 能力匹配原则

所选择的中间商应当在经营方向和专业能力方面符合所建立的分销渠道功能的要求，要有能力完成我公司分销渠道任务。

(4) 通力合作原则

分销渠道作为一个整体，只有所有的渠道成员具有合作愿望，才能建立起一个有效的分销渠道。在选择中间商时，要分析中间商参与商品分销的意愿，以及与其他渠道成员合作的态度等。

2．选择中间商的标准

(1) 市场范围

首先要考虑专卖店所覆盖的销售地区与产品的预计销售地区是否一致，其次是专卖店的销售对象是否是本公司所希望的有送礼倾向或者有送礼需求的顾客。

(2) 产品政策

中间商承销的产品种类及其组合情况是多样的，应该避免选用经销竞争产品的中间商。

(3) 地理区位优势

顾客流量多，且多数为目标顾客或潜在顾客的为我们的首选中间商。

(4) 产品知识

选择对产品销售有专门经营的中间商很快就可以打开销路，因此我们的中间商应该是对白酒行业或五粮液有一定了解的。

(5) 预期合作程度

我们的合作具体方式有加盟专卖店和专卖点，对每种合作方式都有不同的要求。

(6) 财务状况和管理水平

中间商能否按时结算货款，整个企业销售管理是否规范、高效，是我们在选择的过程中必须考虑的问题，因此我们的专卖点应选择规模较大的商场、酒庄、酒店等，而加盟专卖店应该选择信用额度较高、有一定经济背景的。

(7) 促销政策与技术

对于本公司的产品，我们较适合的就是销售人员的推销，协以广告促销，这过程需要中间商承担相应的费用。

(8) 综合服务能力

中间商的综合服务能力强对零售商的服务水平就高，这也有利于公司产品流通顺畅。

3．确定"候选"渠道成员

在确定"候选"渠道成员时，我们考虑从内部途径（销售人员寻找）为主，从外部途径（通过商业组织、中间商征询、商业展览会或交易会、广告、顾客等方式寻找）为辅，找出适合标准的中间商。

4．评估"候选"渠道成员

(1) 销售量评估法

对专卖店的顾客流量和销售情况进行实地考察，分析选择适合送礼这个理念的中间商。

（2）因素评分法

根据不同因素对分销渠道功能建设的重要程度差异，分别赋予不同的权数，然后计算每位中间商的总得分，从中选择最高分者。

（3）销售成本评估法

对专卖店的销售成本占销售额的比重进行比较，低者对专卖店有利。

5．谈判和获得渠道成员

经过对"候选"渠道成员的评估后，对适合条件的中间商再进行谈判，以确保获得较理想的中间商。

（二）渠道成员的激励方法

通常，渠道成员并不认为自己是制造商雇用的一条供应链中的一员，他们首先是客户的采购代理商，其次才是供应商的销售代理商，它关心的是销售客户需要的产品。可见，渠道成员和制造商的关系不是上令下行的关系，维系相互之间关系的纽带是对利益的追求。因此，对制造商而言，为使整个系统高效运作，渠道管理中很重要的一部分就是不断增强维系双方关系的利益纽带，针对渠道成员的需求，持续提供激励，激发他们推广的热情，提高服务水平，保证不仅让消费者买得到而且乐得买。而对于渠道成员的激励方式分为直接和间接激励。

1．直接激励

（1）销售竞赛：对于在规定的区域和时段内销量是第一的成员，给予丰厚的奖励。

（2）等级进货奖励：对于进货达到不同等级批量的成员，给予一定的返利。

（3）定额返利：若达到一定数量的累计进货，给予一定的奖励。

（4）资金支持：对销售业绩较好但资金周转受限制的，给予一定的支持，如售后付款或先付部分货款，待产品出售后再全部付清的方式。

2．间接激励

（1）对经销商日常工作的支持：保证供货及时，减少因订货环节出现失误而引起发货不畅；妥善处理销售过程中出现的产品损坏、变质、顾客投诉、顾客退货等问题，切实保障经销商利益不受无谓的损害；减少因制造商政策不合理而造成的渠道冲突等。

（2）协助经销商开发下一级新客户，获取订单。派驻业务员，协助他们开发市场，扩大销量，使销量的上升成为经销商利润的源泉，从而激发他们的积极性。

（3）加强对经销商的培训，由让经销商赚钱变为让经销商掌握赚钱方法，成为能和企业长期合作的战略伙伴，在合作中实现双赢。

（4）加强对经销商的广告和促销的支持，减少流通阻力，提高商品的销售力，促进销售，提高资金利用率，使之成为经销商的重要利润源。

（5）建立合理的级差价格体系，保证利益在各层次渠道成员间的有序分配。

（6）加强终端零售商的管理，提高他们的服务水平，从终端拉动销售。

（三）评估渠道成员

在以后的销售过程中，需要定期对渠道成员进行评估，以发现问题，提高渠道的效率。（略）

（四）渠道调整

由于市场环境处于不断变化的过程，企业要保持渠道的高效性，就必须根据需要合理调整渠道成员。（略）

（资料来源：佚名. http:/www.doc88.com.2013-03-01.）

课业评价

"销售渠道的选择与管理"评估标准和评估分值如表 7-2 所示。

表 7-2 "销售渠道的选择与管理"评估标准和评估分值

评估项目 \ 评估标准	课业是否基本完成 评估分值 60 分	课业是否达到要求 评估分值 40 分	考评成绩 Σ100
课业 15： 销售渠道的选择与管理 Σ100	基本完成，得 60 分 没有基本完成，酌情扣分	1. 渠道成员的选择正确性（10） 2. 激励渠道成员的正确性（10） 3. 评估渠道成员的正确性（10） 4. 渠道调整合理性（10） Σ40，没有达到，酌情扣分	

单元八　制定促销策略

企业要取得营销活动的成功，不仅要求开发适销对路的产品，制定出合理的具有竞争力的价格，选择适当的通畅的分销渠道，而且需要采取有效的促销策略促进产品的最终销售。促销策略是市场营销组合策略（4P'S）的构成要素之一，主要包括人员推销、广告、营业推广（销售促进）、公共关系4个方面的内容。

 单元任务

通过本单元 4 项课业训练，更好地理解制定促销策略理论，较全面地掌握促销策略分析技能，实现课程教学目标。

要求学生把所学的"促销组合"、"促销策略"理论运用于促销的营销实践，联系有关项目或资料，对促销策略进行可行性分析，在实践运用中理解促销策略理论，掌握制定促销方案的基本技能。

要求学生完成4项基本技能训练，即制定"推销方案"、选择广告媒体组合与设计广告文案、制定公共关系方案和制定销售促进方案。

要求学生在"制定促销策略"技能培养的课业训练中，增强各项通用能力，对"分析判断能力"、"应变适应能力"进行重点培养。

 **单元意义**

（一）帮助学生理解"制定促销策略"的重要作用

通过本课业训练，帮助学生认识在营销实践中运用促销策略的重要性。制定"推销方案"、选择广告媒体组合与设计广告文案、制定公共关系方案和制定销售促进方案是企业营销管理的四项重要的技能，无论在企业市场部还是销售部工作，都需要掌握这些技能。促销策略对企业有效开展营销活动具有重要作用。促销能够吸引消费者购买；促销能够调动中间商推销积极性，展示企业良好形象。因此，促销策略是现代营销的重点。

（二）帮助学生掌握"制定促销方案"技能

通过本单元课业训练，使学生能够掌握推销方案的类型、编制程序和方法，能够根据实际情况独立完成销售方案的编制。让学生熟悉常用媒体的特性，有效选择、运用广告媒体，设计广告文案，充分发挥各类媒体的作用，争取最理想的传播效果和经济效益。使学生明确制定公共关系方案的程序与步骤，掌握制定公共关系方案的技巧。使学生掌握制定销售促进方案设计的基本方法，能够对销售促进所需的市场信息资料进行收集和分析，依据市场、消费者和竞争者状况，对销售促进进行规划与方案设计。

掌握制定"推销方案"、选择广告媒体组合与设计广告文案、制定公共关系方案和制定销售促进方案技能对学生将来胜任市场营销工作是非常重要的。

课时安排（8课时）

本单元把制定促销策略作为课业理论指导，完成以下 4 项基本技能课业的训练，达到本单元实践教学的目标。

课业 16：联系有关项目或资料，完成制定"推销方案"的基本技能课业（指导 1 课时，课堂讨论完成课业 1 课时）。

课业 17：联系有关项目或资料，完成选择广告媒体组合与设计广告文案的基本技能课业（指导 1 课时，课堂讨论完成课业 1 课时）。

课业 18：联系有关项目或资料，完成制定公共关系方案的基本技能课业（指导 1 课时，课堂讨论完成课业 1 课时）。

课业 19：联系有关项目或资料，完成制定销售促进方案的基本技能课业（指导 1 课时，课堂讨论完成课业 1 课时）。

课业 16　制定"推销方案"

课业目标

通过本课业训练，使学生能够掌握推销方案的类型、编制程序和方法，能够根据实际情况独立完成销售方案的编制。

理论指导

（一）推销方案概念

推销方案就是企业或推销人员根据实际情况，通过科学的预测，权衡客观的需要和主观的可能，提出在未来一定时期内要达到的推销目标以及实现目标的途径。

（二）推销方案的分类

按照职能范围，推销方案可划分为部门推销方案和个人推销计划。部门推销方案是对整个部门近段时间所有推销活动的一个总体规划和实施工具，是企业营销计划的进一步分解落实。个人推销计划是推销人员进行具体推销工作的指南，实施推销行为的方案。它能确保推销工作有序、高效地完成。

课业任务

要求学生把制定推销方案理论知识运用于营销实践，联系有关项目或资料，根据推销方案的类型，制定相应的推销方案。

（一）工作任务 1：部门推销方案的编制，分 5 步骤完成。

1．分析现状。
2．确定推销目标。
3．分配推销任务。

4．综合编制推销方案。
5．执行并检测方案。
（二）工作任务2：个人推销计划的编制，分5步骤完成。
1．对潜在客户的情况调查。
2．确定推销活动的具体目标。
3．研究推销策略。
4．制定推销计划。
5．实施推销计划。
（三）工作任务3：收集一家饮料企业的新品信息，为其制定推销方案。

操作指导

（一）部门推销方案的编制程序
1．分析现状
首先必须对企业所处的环境和条件进行深入调查研究，充分搜集资料，分析企业或部门所处现状，为编制销售计划提供可靠的依据。应搜集的资料包括：国家对本行业的有关方针政策；市场需求情况；本类商品的生产情况；企业历年销售业务方面的完成情况；企业现阶段各项经营要素的保证程度，主要是了解企业现有的人、财、物等方面的情况。现状分析主要包括：企业环境分析和企业、部门能力分析以及业绩分析。

2．确定推销目标
（1）直接目标：就是部门在一定时期内，通过推销活动必须完成的重要任务及必须努力的方向。一般来说，部门的直接推销目标有三个：一是销售产品，获得利润；二是开拓新市场；三是提高市场占有率。
（2）间接目标：就是对实现直接目标起推动作用的目标。主要有：提高企业信誉；宣传介绍产品；收集、反馈市场信息。

3．分配推销任务
（1）根据推销人员的特点分配推销区域、推销产品和工作岗位。
（2）根据整个业界的预测值，进行本部门的销售预测。
（3）根据各部门主管以及第一线负责人所提供的销售额进行判断，再确定下年度的销售收入目标额。
（4）进一步分配每一位销售人员的销售定额。

4．综合编制推销方案
根据部门所确定的计划目标和所拟订的各种计划方案，和其他综合计划部门进行购、销、调、存、人、财、物等方面的综合平衡，编制正式计划和销售预算。

5．执行并检测方案
在实施推销方案之前要做详细的检查确认，在方案执行中，要根据推销人员的反馈情况及时做出适当的调整；要随时将推销人员的执行结果与部门计划目标进行比较，发现偏差应尽快查明原因，及时调整、补救，以确保计划目标的实现。

（二）个人推销计划的编制
1．对潜在客户的情况调查

推销人员对潜在客户的调查包括：客户基本情况（客户的姓名、职务、性格、爱好和固有观念；客户的家庭情况；客户的权限等）和客户购买行为特征（对推销员的态度；推销过程会遇到哪些阻力；客户会有哪些反对意见；客户主要的购买动机；客户的购买政策等）。

2．确定推销活动的具体目标

（1）推销活动目标就是由推销人员自己确定的在一定时期内的推销活动范围、推销活动对象及推销活动时间的目标。

推销活动的区域目标是推销员计划在未来一个时期内所达到的市场范围。

推销活动的对象目标包括 3 个方面：一是确定推销区域内的现有客户和潜在客户；二是确定重点客户；三是确定对每个客户的推销行动。对现有客户的推销行动目标一般有：实现新的销售、处理抱怨、了解客户意见和建议、加强业务沟通、了解客户购买动向、推荐新产品等；对潜在客户的推销行动目标有：了解客户基本情况、介绍产品、建立感情、实现销售等。

推销活动的时间目标就是对推销活动访问路线和洽谈时间的合理安排，提高有效时间的比例。

（2）推销效益目标就是指能够反映推销活动带来的利益的各项指标。包括：一是销售额，也可用销售量表示；二是销售目标达成率，即实际销售额与目标销售额之比；三是折扣率，就是推销员对顾客所让出的折扣额占销售总额的比例，折扣率反映推销效率的高低；四是毛利率，销售总额减去成本，再减去推销中折扣的金额，剩余部分为毛利额，毛利额与销售金额之比是毛利率，其反映产品的盈利水平；五是货款回收率，就是收回货款金额与销售金额之间的比例；六是推销费用，就是为完成推销任务而耗费的各项支出，推销人员对推销费用的控制目标不在于推销费用的绝对数额，而是要保证费用的增长率不超过销售的增长率。

3．研究推销策略

运用适当的推销策略和推销技巧，应当考虑以下问题：

（1）能为客户提供的是产品还是其他服务？洽谈的要点是什么？

（2）应如何吸引客户的注意力？如何引起客户的购买兴趣？如何刺激客户的购买欲望？如何实现购买行动？客户有哪些特殊之处可能影响推销？

（3）此次拜访要达到的目标是什么？

4．制定推销计划

（1）推销访问计划。推销访问计划的内容包括：拜访对象的基本情况；接触客户的方法；客户可能提出的要求和问题；如何向客户提问和暗示；根据客户的要求和问题，列出有关的特征、优势和利益；用何种证据来证明所说的内容；访问可能出现的情况；采用何种方法结束拜访；本次采访的结论等。

（2）推销效益计划。就是推销人员在一定时期内要完成的效益指标计划，一般按年制定。

（3）客户发展计划。主要依据推销活动的对象目标来制定，是将推销活动对象目标具体化，一般可按月制定。

（4）推销活动日计划。内容包括：日期、拜访对象、客户类型、访问时间、拜访目的及行程路线等。

5．实施推销计划

在计划的具体执行中，要根据情况的变化及时进行调整。每次执行过后要做好记录，定期把执行效果和计划目标进行对比分析,发现问题及时采取调整、补救措施。

 **课业范例**

某棒棒糖推销计划书

一、引言

棒棒糖是一种很平常的休闲小食品,想来随便在哪个商店都能看到吧。有时在街头看到某些人在嘴巴里塞一根棒棒糖,您会不会觉得那个画面特别舒服呢?是不是也有一种想要拥有一根的冲动呢?

很多人都有一定的棒棒糖情结,它是我们这一代人特有的表达自己的方式:青春、时尚、个性。

棒棒糖的价格便宜,只要花 0.5 元就可以拥有,是每个人都愿意选择的零食之一。

(一)公司介绍

公司名称:"情感棒棒糖专卖店"

主要销售产品:棒棒糖

公司人员安排:董事长——蒋晶晶

总经理兼策划部副部长——宋海芳

副总经理兼营销副总监——张传枫

策划总监兼宣传部部长——陈微微

采购部部长兼宣传部副部长——王小林

营销总监兼采购部副部长——张寅嵩

(二)产品介绍

圆圆的糖球,一根小棒,可爱憨趣的造型,加上独特的"魔哨概念","魔哨"小棒还可以吹出美妙的哨音。颜色诱人、口味纯正、酸甜适宜、口感滑溜、口味独特,这就是我们公司的主打产品——棒棒糖。

表 8-1 棒棒糖产品种类

阿尔卑斯水果系列	"一支棒"水果味棒棒糖	苹果味
		柠檬味
超级牛奶系列	"雪奶棒"牛奶味棒棒糖(主要)	甜橙牛奶味(主要)
		甜味牛奶棒棒糖
		纯牛奶棒棒糖(主要)
巧克力系列	"雪巧棒"巧克力味棒棒糖(主要)	
	"巧心棒"巧克力夹心棒棒糖	

二、部门推销方案的编制

(一)分析现状

棒棒糖作为零食的一种,已经被广大的消费者所接受,现在差不多每个人都吃过棒棒糖,不论男女老少、高矮胖瘦。在我们的学校，棒棒糖也是零食中的销售热点之一。

1. 目标顾客分析

（1）大学生的空闲时间比较多，而且根据我们的调查发现，我校学生日常消费中零食是占很大比例的（大约 43.57%），而棒棒糖是打发闲暇时光的方便工具，看书时、上网时，既不会影响到周围的同学，又可以解决自己的谗嘴。

（2）大学生是时尚、青春、活力的代名词，而棒棒糖正好迎合了这个需求。它不仅食用方便，而且具有一定的时尚感，让每个年轻人都不自觉地被它吸引。

（3）大学生并没有任何的经济来源，尤其是我们学校，还有不少家庭比较贫困的学生，他们对零食的追求往往是价廉物美型的，棒棒糖的价格便宜，5 毛钱就可以拥有一根。

（4）大学生对健康、幸福的追求也是很强烈的，吃糖有利健康，相对于烟、酒而言，它是再健康不过的，而且根据我们的调查，88.68%的我校学生都表明吃甜食会使他们有一种快乐、幸福的感觉。

2. 市场分析

（1）棒棒糖市场前景依然广阔。

我们做了一个随机的口头调查访问，我们随机地询问了 30 名同学其对棒棒糖的喜爱程度，结果如表 8-2 所示。

表 8-2　棒棒糖喜爱程度调查表

很喜欢	较喜欢	一般	不喜欢
15%	55%	25%	5%

在表中可以看出，喜欢棒棒糖的人占了绝大多数。由此可见，我们学校对棒棒糖的需求还是很大的。其次，在我们学校超市的销售中，棒棒糖是比较受欢迎的。经过我们小组成员的调查发现，学校两家超市的棒棒糖销售情况良好，差不多每个月都要补三次货，每次 300～500 根不等。

（2）市场仍有空白

我们奇怪地发现，超市的销量虽然很好，但与需求还是有很大的一段距离。那么是什么原因让同学不愿去买呢？我们了解到：①同学不会去刻意为了一根或两根棒棒糖而从楼上跑到楼下的超市；②在平时也不会想去买棒棒糖来做零食；③超市棒棒糖口味比较少。这就造成了棒棒糖销售的空白区。

（二）推销目标

1. 数量目标：1200 根棒棒糖
2. 利润目标：130 元以上

（三）分配推销任务

1. 每天拜访的顾客人数：每人每天拜访 15 个以上寝室。
2. 每天联系的顾客人数：每人每天至少电话联系 9 个人以上。
3. 每天的销售目标：每人每天至少销售 60 根棒棒糖。

（四）综合编制推销方案

1. 推销日程安排

表 8-3 推销日程安排

时间	人员	销售任务
12月30日	全体组员	分工、确定销售的产品
12月31日上午	王小林	采购棒棒糖
下午	全体组员	电话营销
1月4日	全体组员	上门推销
1月5日	全体组员	情系"棒棒糖"联谊晚会
1月6日	全体组员	总结

2．具体活动安排

（1）电话营销阶段

利用小组成员每个人的关系网，通过电话形式进行销售是我们小组最主要的销售方式。不仅销售效率比较高，而且成功率也很高，在销售过程中我们采取"先易后难"的策略，先向比较熟识的朋友进行推销，并要求其宣传和介绍。

其次由于元旦将至，每个班级都会搞一些"庆元旦"活动，尤其是大一的班级，所以我们可以通过我们的关系网去了解各个班级的活动情况，先从大一入手，一旦有班级需要采购食品，相信棒棒糖会是一个比较合适的选择，我们可以通过免费送货等优质的服务以及优惠的价格来打动他们，从而增加销量。

表 8-4 电话营销阶段活动安排

时间	人员	联系人数	业绩	备注
12月31日	蒋晶晶	15人	116根	班级订购34根
	陈微微	13人	73根	
	宋海芳	17人	176根	班级订购82根
	张传枫	11人	68根	
	王小林	9人	155根	班级订购68根
	张寅嵩	13人	131根	班级订购45根
总计		78人	719根	229根

（2）上门推销阶段

我们上门推销的范围不仅包括学生寝室，还包括学校的理发店、干货店等。从一定程度上来讲，我们的销售范围扩大了。不仅如此，由于这种方式是面对面进行的，所以还能使推销的成功概率大大提高。

（3）"情系棒棒糖活动"阶段

为了更好地宣传销售棒棒糖，提高销售业绩，我们决定组织一场情系"棒棒糖"联谊晚会，将棒棒糖赋予情感进行销售。

表 8-5　上门推销阶段活动安排

时间	人员	负责销售楼层	业绩
1月4日	蒋晶晶	6#楼	85 根
	陈微微	4#楼	72 根
	宋海芳	1#楼	79 根
	张传枫	3#楼	84 根
	王小林	2#楼	73 根
	张寅嵩	13#楼	58 根
总计			451 根

表 8-6　"情系棒棒糖活动"阶段活动安排

时间	人员	联系人数	实到人数	备注
1月5日	蒋晶晶	8 人	6 人	嘉宾 2 人
	陈微微	12 人	8 人	
	宋海芳	9 人	8 人	嘉宾 1 人
	张传枫	6 人	4 人	嘉宾 2 人
	王小林	10 人	7 人	
	张寅嵩	13 人	11 人	嘉宾 1 人
总计			44 人	6 人

3．财务预算

（1）成本预计

进货成本：总共预计进货 1200 根，单价为 0.35 元，总成本为 420 元。

车费：由于打算直接在下沙综合市场进货，所以可用自行车作为交通工具，车费成本计为 0。

时间精力成本：每次进货来回大约是 1 个小时，由于棒棒糖比较轻便，所以只需派一个销售人员即可。

由于小组还将以活动形式展开销售（预计 326 根棒棒糖），还需要一些场地的布置费用，暂计 50 元。

成本总计：470 元。

（2）预计利润（暂不包括活动利润）

每根棒棒糖的售价以 0.5 元计算。

预计利润=预计收入-预计成本=1200×（0.5-0.35）-50= 130 元

三、个人推销计划的编制（略）

（资料来源：佚名. http://wenku.baidu.com.2013-03-31.）

课业评价

"制定推销方案"评估标准和评估分值如表 8-7 所示。

表 8-7 "制定推销方案"评估标准和评估分值

课业 16 评估指标	方案设计 评估标准（70%）	方案分析 评估标准（30%）	评估成绩 ∑100
1. 分析现状　∑20 2. 确定推销目标　∑20 3. 分配推销任务　∑20 4. 综合编制推销方案　∑20 5. 执行并检测方案　∑20	1. 能够从产品、市场、企业条件、环境状况出发，制定合理、有效的推销方案。 2. 方案有针对性、内容具体、具有可行性	方案分析能够紧扣主题、分析全面、正确、条理清楚	

课业 17　选择广告媒体组合与设计广告文案

课业目标

通过本课业训练，使学生熟悉常用媒体的特性，有效选择、运用广告媒体，设计广告文案，充分发挥各类媒体的作用，争取最理想的传播效果和经济效益。

理论指导

（一）广告媒体的类型

广告媒体通常按其传播途径，划分为印刷媒体、电子媒体、邮寄媒体、销售现场（POP）、户外媒体等类型，其中，报纸、杂志等属于印刷媒体，广播、电视等属于电子媒体。

（二）媒体组合的原则

选择广告媒体组合的原则之一是考虑如何涵盖所有的目标市场消费者。将所有选用的媒体排列起来，把其覆盖域加在一起，可以看出在媒体组合的总覆盖域下，是否可以将大多数乃至绝大多数目标市场消费者纳入广告可产生影响的范围内。

其原则之二是考虑媒体影响力集中点问题。若选用的媒体影响力重叠在那些重点目标对象上，则对广告主来说是划算的，反之，若重叠在非目标对象上则是一种浪赞。

（三）媒体选择的影响因素

1. 产品的性质

不同性质的产品有不同的使用价值、使用范围和宣传要求。广告媒体只有适应产品的性质，才能取得较好的广告效果。生产资料和生活资料、高技术产品和一般生活用品、价值较低的产品和高档产品、一次性使用的产品和耐用品等都应采用不同的广告媒体。通常，对高技术产品进行广告宣传，面向专业人员，多选用专业性杂志；而对一般生活用品，则适合选用能直接传播到大众的广告媒体，如广播、电视等。

2．消费者接触媒体的习惯

选择广告媒体，要考虑目标市场上消费者接触广告媒体的习惯。一般认为，能使广告信息传到目标市场的媒体是最有效的媒体。例如，对儿童用品的广告宣传宜选用电视作其媒体；对妇女用品进行广告宣传宜选用妇女喜欢阅读的妇女杂志或电视，其效果较好，也可以在妇女用品商店布置橱窗或展销。

3．媒体的传播范围

媒体传播范围的大小直接影响广告信息传播区域的宽窄。适合全国各地使用的产品，应以全国性发放的报纸、杂志、广播、电视等作广告媒体；属地方性销售的产品，可通过地方性报刊、电台、电视台、霓虹灯等传播信息。

4．媒体的费用

各广告媒体的收费标准不同，即使是同一种媒体，也因传播范围和影响力的大小而有价格差别。考虑媒体费用，应该注意其相对费用，即考虑广告促销效果。

课业任务

上海大众于 1984 年开始生产桑塔纳轿车，在 20 多年中，桑塔纳轿车取得了巨大成功，一度成为上海大众的代名词，但桑塔纳也为上海大众带来了生产低档次轿车的企业形象，对于上海大众推出其高端品牌帕萨特轿车，在树立高档品牌形象方面带来不小的影响。

假使上海大众委托你代理帕萨特业务，开展帕萨特品牌重塑的活动，请为之设计广告媒体组合及广告文案。

请结合以上实验条件，拟定一份"帕萨特广告媒体组合策略及广告文案设计书"。要求说明本次广告运作混合使用哪些媒体，其所占的比重如何，并阐释原因。同时，对广告文案设计作一简要说明（说明广告主题即可）。

操作指导

（一）媒体组合的自租用策略与广告文案设计

1．企业自用和租用广告媒体的组合

比如，专卖店在电视、广播、报纸上做了某新款式服装的广告，那么，专卖店的橱窗就要配合展出该款时装，店内要陈列和出售该款时装。

2．企业租用媒体的组合

不同品质的商品或劳务广告有不同的媒体组合方式，比如，时装广告可以组合运用电视、报纸、杂志、橱窗、展销会、时装表演等媒体；生产用产品广告可组合运用报纸、杂志、展销会、小册子、邮寄、路牌等媒体。

（二）媒体推出的时机策略与广告文案设计

1．广告推出的时间安排

在媒体上推出广告的时间安排，主要是相对于商品进入市场的时间而言，一般有拖拉推出、即时推出和延时推出三种安排方式。

（1）拖拉推出

即广告早于商品进入市场，用广告引出商品，以制造先声夺人的声势效果，给消费者造

成悬念，形成一种翘首以盼的心态，等着商品上市，利于形成旺销。

（2）即时推出

即广告与商品同时推向市场，这种方式最适于老产品或供求平衡或稍偏紧张的产品，好处是见到广告就可买到产品。但在较激烈的竞争环境中一般应慎用此方式。

（3）延时推出

指广告推出时间晚于商品进入市场，这种形式一般仅适用于没有把握的新产品，是谨慎经营的试探性策略。

2．媒体发布的时机选择

把握广告发布时机，通常有以下三种策略：

（1）黄金时机：即最能吸引人注意、收视（听）率最高、也最能让人们记忆的"最珍贵瞬间"。譬如中央电视台春节晚会零点报时、天气预报标牌等。

（2）重大活动时机：比如奥运会、各类体育项目的世界杯赛等重大盛会，各类备受瞩目的经济、文艺活动。

（3）节令时机：如销售旺季到来之际、重要节日等。

 课业范例

台湾黑松广告媒体组合策略

具有 60 年历史的台湾本土名牌汽水"黑松"，为了同可口可乐、百事可乐等世界大牌争夺市场、争取目标消费者，于 1992 年制定了全套营销计划，并配以强大的广告攻势。其 1992 年度广告目标为：提高黑松汽水在年轻消费群中的产品认知率，使其达到 65%。为此，广告代理商制作了"年轻的绿色饮料"的电视 CF 及平面文案《促销篇》和《形象篇》。具体媒体组合策略如下：

（一）媒体组合的自租用策略与广告文案设计

企业租用媒体的组合：组合运用电视、报纸、杂志、广播、车身广告等媒体。

广告文案设计："年轻的绿色饮料"的电视 CF 及平面文案《促销篇》和《形象篇》。

（二）媒体推出的时机策略与广告文案设计

1．广告推出的时间安排

延时推出，即广告推出时间晚于商品进入市场。

2．媒体发布的时机选择

（1）电视

电视媒体是该品牌广告的最佳选择。这类广告在视觉、听觉方面均有良好效果，可以达到将信息传达至目标市场的目的。时段选择如下：

第一选择：星期一至星期五 20:00 档播出的连续剧，晚间 21:30 后播出的新闻节目和影集。

第二选择：星期六、日晚间 20:30 到 24:00 的综艺节目、影集、新闻报道。

第三选择：下午 18:00 到 19:00 的娱乐性节目，如连环炮、强棒出击。

（2）报纸

在促销时辅助电视媒体，告知消费者。

时间为 6 月份～9 月初。

报纸选择：半十批，彩色。以《民生报》为主，因为其具有消费、休闲、流行之诉求特征；《联合报》、《中国时报》为辅，因其发行量大、普及率高。

（3）杂志

以提高产品形象和知名度为主。

时间集中于旺季。

以商业杂志为主，《年轻上班族》、《天下》、《突破》、《统领》；辅以专业性杂志《汽车》、《休闲》、《女性》。

（4）广播

以中、西流行歌曲节目为主，如 ICRT 时段以凌晨 24:00 到 12:00 为主，在促销时间配合促销活动。

（5）车身广告

促销期间，以行驶台北市忠孝东路及中华路的公车为主要广告媒体。

春节时（12月～次年2月）提醒消费者饮用黑松汽水。

黑松凭借几乎涵盖所有媒体的广告策略，再配以"喝汽水，做环保"的大型促销活动及"绿化生存环境，年轻人大集合"的大型演唱会，另有一系列小型促销和公关活动，在该年取得了令人可喜的业绩，顺利完成了广告目标，有力地配合了整体营销战役。

（资料来源：秩名. http://wenku.baidu.com.2013-03-31.）

课业评价

"选择广告媒体组合与设计广告文案"评估标准和评估分值如表8-8所示。

表8-8　"选择广告媒体组合与设计广告文案"评估标准和评估分值

评估标准 评估项目	课业是否基本完成 评估分值60分	课业是否达到要求 评估分值40分	考评成绩 Σ100
课业17： 选择广告媒体组合与设计广告文案 Σ100	基本完成，得60分 没有基本完成，酌情扣分	1. 媒体组合的自租用策略的正确选择（10） 2. 广告推出的时间安排的正确选择（10） 3. 媒体发布的时机选择的正确选择（10） 4. 广告文案设计（10） Σ40，没有达到，酌情扣分	

课业18　制定公共关系方案

课业目标

通过本课业训练，使学生明确制定公共关系方案的程序与步骤，掌握制定公共关系方案的技巧。

 **理论指导**

（一）公共关系的概念

公共关系（Public Relatims，公关/PR）是指企业或组织为了创建并保护自己的形象，营造良好的营销环境与舆论氛围而采取的一系列有计划、有目标的活动或策略。

（二）公共关系的特点

公共关系虽然是一种社会关系，但又不同于一般的社会关系；虽然是一种促销策略，但又不同于其他的促销策略。公共关系有其独有的特点。

1. 公共关系是一项长期性的促销活动

公共关系的主要目的是建立并维持各种社会关系，为企业广结良缘，以此树立良好的企业社会形象和声誉。与人的各种社会关系一样，企业的公共关系也需要在创建之后付出大量的努力来长期维持，否则，一时的失误可能就会导致某一关系的瓦解，而使企业形象受损。因此，需要企业有计划、持之以恒地做出努力。

2. 公共关系的对象十分广泛

一般的促销形式，其对象都仅有消费者、中间商、供应商、竞争者和组织机构等外部公众，而公共关系的对象既包括外部公众，也包括企业内部公众。也就是说，企业在维持良好的社会关系时，不仅要注意维持与外部公众之间的社会关系，也要注意创建好与企业内部员工、部门之间的良好关系，这样才能使企业处于一个内外和谐的社会关系环境中。

3. 公共关系是一种间接促销手段

公共关系不像其他促销形式直接进行产品销售，而是通过提升企业良好的社会形象和声誉，间接地达到产品销售的目的。因此，公共关系属于一种间接的促销手段。

4. 公共关系追求的是利益相关者的双赢

企业与其他社会实体之所以能够建立一种长期的互助合作关系，主要是由于双方之间是以"真诚合作、平等互利、共同发展"为基本原则的；在相互合作中，双方能够满足各自不同的需求，共同获得利益与发展。

综上所述，公共关系的特点可以精辟地概括为八个字"内求团结、外求发展"。

（三）公共关系的作用

公共关系的中心任务是树立和维护企业良好的公众形象。

1. 收集信息

（1）企业或产品形象信息

如消费者对企业的评价和对产品、服务质量的反响、评价等。

（2）内部员工的意见、建议

企业通过了解内部员工的意见，能够掌握员工的内心期望，采取措施使员工对企业产生向心力和凝聚力。

（3）企业外部各种客观环境的信息

如国内外政治、经济、科技、文化等方面的变化、竞争者动态、消费者需求及购买行为的变化等。

2．决策参考

企业通过对利用公共关系所收集的各种信息进行综合分析，能够确立更好的决策目标、拟定决策方案、提供反馈信息，使企业的营销决策更加及时、准确。

3．舆论宣传

公共关系不仅可以帮助企业获取外部信息，也可以将企业的内部信息对外部公众发布，为企业树立良好形象，创造良好的舆论气氛。结合企业的营销目标与自身特点，通过科学的、有计划的、有步骤的公共关系活动，可以不断提高企业的知名度与美誉度。

4．交流沟通

企业的各项活动都需要进行内外部的良性互动，而这种良性互动的双方就是企业公共关系活动的主客体。只有沟通交流才能使企业内部信息有效地对外输出；同时，使外部有关信息及时地输入企业内部，从而实现企业与外部各界的相互协调。

5．社会服务

企业作为社会这个大系统的一个组成部分，要想在社会上形成良好的公共舆论，必须具有社会服务的功能，企业可以通过引导性教育宣传、赞助服务来诱导公众对企业产生好感。如环境保护、节约能源、继承优良传统等。这样不仅能树立良好的企业形象，促进产品销售，同时能推动整个社会公益事业与伦理道德的发展。

 课业任务

2008年三鹿奶粉事件曝光之后，社会大众对国产奶粉已普遍失去了信任。如果你是一家国内的奶粉生产企业，为了重树企业形像，加强与公众之间的联络与沟通，拟在"国庆"节组织一次与公众的联谊会。

如果你是该企业的公共关系部经理助理，请你制定这次公共关系活动的方案。制定的方案要主题明确、切实可行，有一定的创新性。

 操作指导

（一）制定公共关系方案的步骤

1．确定公共关系目标和目标公众。
2．确定公共关系活动的主题与活动项目。
3．预算经费。
4．活动时间安排。
5．撰写书面报告。

（二）公共关系方案的内容

1．项目名称。
2．策划人。
3．项目现状。
4．公关目标。
5．目标公众分析。
6．公关活动主题。
7．媒体选择与策略。

8. 具体活动安排。
9. 活动组织。
10. 经费预算等。

 课业范例

一家乡镇企业的化工厂，由于废水没有经过处理而流入附近水域，致使鱼类大量死亡。以捕鱼为生的渔民于是愤怒地涌入化工厂，出现了一幕幕触目惊心的社区公共关系纠纷。该厂公关部经理为平息这起社区关系纠纷，并防止以后再次出现类似事件，制定了一个切实可行的公共关系计划。

（一）制定公共关系方案的步骤

1．确定公共关系目标和目标公众。

公共关系目标：化解渔民愤怒，改善企业与社区公共关系纠纷，保护环境，加强环保意识。

目标公众：社区公众、企业内部员工。

2．确定公共关系活动的主题与活动项目。

公共关系活动的主题：保护环境，共创和谐社区。

活动项目：详见活动方案。

3．预算经费：详见活动方案。

4．活动时间安排：详见活动方案。

5．撰写书面报告：详见活动方案。

（二）公共关系方案的内容

化工厂的公共关系方案

1．项目现状

废水没有经过处理而流入附近水域，致使鱼类大量死亡，渔民愤怒，社区公共关系紧张，企业与社区长期缺乏沟通。

2．公关目标

化解渔民愤怒，改善企业与社区公共关系纠纷，保护环境，加强环保意识。

（1）在全厂普及环保法规。

（2）成立环保机构。

（3）进行环保技术培训。

（4）改造旧设备，使"三废"排放量达到国家标准。

（5）建立厂与社区环保相互监督的机制。

（6）建立新型社区关系。

3．目标公众分析

通过调查外部公众中的渔民"意见领袖"和内部员工中的"意见领袖"，并且检验水和死亡的鱼类，发现以下问题：领导不重视环保，无环保机构；员工环保意识淡漠，环保知识贫乏；技术设备陈旧；长期忽视工厂与社区的关系。

4．公关活动主题

保护环境，共创和谐社区。

5．媒体选择与策略

（1）人际传播：走访渔民家庭。

（2）设立渔民环保监督员。

（3）组织传播：开办环保知识系列讲座。

（4）组织渔民进厂参观。

（5）举办厂与社区的文化联谊活动。

（6）大众传播：用闭路电视进行环保教育。

（7）广播站开辟环保专题节目。

（8）厂报开辟环保专栏、专刊。

6．具体活动安排

活动时间	活动内容	执行者
4月1日～4月3日	走访渔民中的"意见领袖"	公关部
4月4日～4月7日	三次环保讲座	环保部
4月8日～4月15日	一周闭路电视环保法教育	环保部
4月16日～4月23日	一周广播环保专题节目	环保部
4月24日～4月30日	制作环保标语、宣传栏和板报，并安置完毕	宣传部
5月1日～5月4日	与社区文体联谊	公关部、宣传部
5月5日～5月6日	将意见箱安置在厂区和社区	公关部
5月7日～5月8日	组织渔民分批参观厂区	公关部
5月9日～5月11日	整修乡村干道，维修校舍，义务为孤寡老人劳动	公关部
5月12日～5月13日	举办两期渔民科普讲座	环保部
5月14日～5月15日	评估总结	公关部

7．活动组织

由化工厂公关部组织，社区居委会配合实施。

参加人员：公关经理 1 名，公关策划 2 名，新闻采编 2 名，环保专家 2 名，摄影摄像 2 名，美工 2 名，其他 3 名，共计 14 名。

8．经费预算

三次讲座 300 元；一次参观 50 元；录像制作 200 元；联谊活动 500 元；标语板报 50 元；意见箱 2 个 10 元；改造设备 10 000 元；捐助小学 5 000 元；修路 800 元；其他 300 元。共计：17 210 元。

×××化工厂公关部
2002 年 3 月

（资料来源：佚名. http://wenku.baidu.com.2013-03-31.）

课业评价

"制定公共关系方案"评估标准和评估分值如表 8-9 所示。

表 8-9 "制定公共关系方案"评估标准和评估分值

评估项目 \ 评估标准	课业是否基本完成 评估分值 60 分	课业是否达到要求 评估分值 40 分	考评成绩 Σ100
课业 18: 制定公共关系 Σ100	基本完成,得 60 分 没有基本完成,酌情扣分	1. 公共关系方案内容的完整性(15) 2. 公共关系方案制定的规范性(15) 3. 公共关系方案实施的可行性(10) Σ40,没有达到,酌情扣分	

课业 19　制定销售促进方案

 课业目标

通过本课业训练,使学生掌握制定销售促进方案的基本技能,能够对制定促销方案所需的市场信息资料进行收集和分析。依据市场、消费者和竞争者的状况及消费者购买心理,对促销目标、促销主题、促销活动、促销宣传、促销预算、促销进度等具体方案进行设计,使促销活动更有计划性、系统性、有效性,并能降低促销费用,节省开支。

 **理论指导**

(一)促销的概念

促销(Promotion)又称为销售促进,是促进产品销售的简称,具体是指企业通过人员推销或非人员推销的方式,向目标顾客传递商品或劳务的特征、信息,帮助消费者认识商品或劳务所带给购买者的利益,从而引起消费者的兴趣,激发消费者的购买欲望及促成购买行为的活动。

在促销概念中,其核心就是信息沟通,通过与消费者的沟通,达到引发、刺激消费者购买的目的。

(二)促销的作用

传递信息,强化认知;突出特点,诱导需求;反馈信息,提升效益。

(三)促销组合及促销策略

1. 促销组合的含义

促销组合的实质其实是一种组织促销的整体思路,它认为企业不能单纯地依赖某一种方式、借助于某一种工具,而要在充分了解各种方式手段的性质、特点、优缺点的基础上,结合企业的促销目标、环境条件,把广告、公共关系、营业推广及人员推销四种基本促销方式组合为一个策略系统。

2. 影响促销组合策略的因素

促销策略作为一个系统化的整体策略，为最大限度地发挥整体效果，在制定具体的促销策划之前，首先必须清楚影响促销组合的主要因素，分析它们的影响范围和程度，为下一步策划的制定提供依据和基础。

影响促销组合策略的因素：促销目标、产品性质、产品的市场生命周期、市场特点、促销预算。

（四）促销策略

1. 推式策略

推式策略是以中间商为主要促销对象，通过人员推销的方式，将产品从生产企业推向中间商，再由中间商推给消费者。推式策略一般适合于单位价值较高的产品，性能复杂、需要做示范的产品，以及消费者或用户不太了解或根本不了解的产品等。

2. 拉式策略

拉式策略是以最终顾客为推销对象，通过非人员推销方式把顾客拉过来，由最终顾客向中间商询购该商品，中间商自然就会向制造商进货。拉式策略一般适用于单位价值低、市场需求量大、流通环节多、消费者或用户对产品非常了解和熟悉、市场比较成熟的产品。

课业任务

要求学生为"XX店五一国际劳动节"制定销售促进方案。

可以考虑：

（一）工作任务1：确定"五一"活动时间地点。

（二）工作任务2：活动目标设计。

根据具体要求，可以以"增加销售量、扩大销售"、"吸引新客户、巩固老客户"、"树立企业形象、提升知名度"、"应对竞争，争取客户"择其一或多个为目标，分组进行设计。

（三）工作任务3：活动主题。

制定促销方案的核心，分组进行"主题语"的设计，要有创意。

（四）工作任务4：制定销售促进方案。

为"XX店五一国际劳动节"制定销售促进方案。

操作指导

制定促销方案的步骤：

（一）促销时间确定

促销时间的安排一般10天为宜，跨2个双休日。从星期五周末开始至下周日为止。如果是大的节庆活动，促销时间可以安排长些，但一般不要超过一个月。

（二）促销目标设计

一般来说，针对消费者的促销目标有以下几个：

（1）增加销售量，扩大销售。

（2）吸引新客户，巩固老客户。

（3）树立企业形象，提升知名度。

（4）应对竞争，争取客户。

促销目标要根据企业要求及市场状况来确定，促销目标可以确立单个目标，也可以确立多个目标。

促销目标的确定要说明原因，即对与此促销目标有关的情况做个描述。如当前市场、消费者和竞争者状况、企业目前情况及本次促销动机等。这部分内容写作力求客观、简练。

（三）促销主题设计

1．主题是方案设计的核心。促销主题是方案设计的核心、中心思想，是贯穿整个营销策划的一根红线，任何一项策划都有一个主题。主题明确，方案设计才会有清晰而明确的定位，使组成促销的各种因素能有机地组合在一个完整的计划方案之中。促销主题是通过"主题语"来表现的，如2002年家乐福"三八"促销活动的主题为"世界因你而精彩"。

2．主题确立要求。促销主题确立需要考虑：①主题必须服从和服务于企业的营销目标；②主题必须针对特定的促销及其目标；③主题要迎合消费者心理需求，能引起消费者的强烈共鸣。

3．主题语表现。促销主题语表现：①明确的利益、情感诉求点；②突出鲜明的个性；③具有生动的活力；④简明易懂。

4．主题确立要创意。促销主题确立是一项创意性很强的活动，又是有一定难度的操作，是本课业训练的重点，通过这样的训练来强化学生的创意能力。

（四）促销活动方案设计

"促销活动"是方案设计的核心内容。促销活动方案设计的要求如下：

1．紧扣促销目标，体现促销主题。促销方案的设计要求围绕着促销主题而展开，方案要尽可能具体，要把行动方案按不同的时段进行分解，突出重点。

2．选择促销商品，确定促销范围。以节日商场促销来说，一切促销活动的最终目的都是扩大销售。在设计具体方案前，首先要确定选择哪些商品、多少数量作为这次促销的主力商品，一般来讲，作为节日商品的有休闲食品、大副商品、礼品、保健品及日用百货等。促销商品还必须具备：①有一定品牌知名度；②有明显的价格优势；③节日消费需求量较大。

3．选择促销方式，进行合理组合。根据确定的促销商品范围，设计具体的促销活动方案。在商场促销中，促销组合的几种方式都要考虑运用，但当前运用较多的、消费者最受欢迎的有"特价促销"、"赠送促销"、"公关促销"、"有奖促销"、"服务促销"等。在方案策划中，可以采用多种形式，但要注意促销方式的"有效性"。

4．促销活动设计要求"具体"、"可操作"。强调设计促销活动不仅明确有几种、是什么，更要明确实际的操作，具体到每一种商品特价的确定、每一种特价商品如何陈列，有些方案更强调活动程序的安排。

5．促销活动设计追求"创意"。只有具有新意、具有较强个性、具有生动活力的促销活动，才能引起消费者的强烈共鸣，这些"创意"要考虑现行的客观性，考虑消费者的认可和接受程度。

（五）促销宣传方案设计

促销活动的宣传是全方位的，向消费者传递信息、营造卖场气氛、展示企业形象，必须运用好广告宣传、商品陈列和商场广播。

1．广告宣传。当前用得较多的促销广告有"媒体广告"、"POP广告""DM广告"。

（1）媒体广告。运用时要注意以下几点：

①确定广告目标。企业应该根据自己的促销目标确定广告内容，两者应该保持统一。

②选好广告媒体。广告媒体的种类很多，应该根据产品特点、企业条件、费用支付来选择最适当的媒体，只有适合企业经济承受能力的广告媒体才是理性的。

③广告语的设计。

（2）POP广告。POP广告是指售货点和购物场所广告，又称售点广告，充当无声的售货员。这种广告的运用范围很广泛，主要有宣传标语、商品海报、招贴画、商场吊旗、特价赠送指示卡、门面横幅招旗、气球花束装饰等。

（3）DM广告，又称直投广告。除了用邮寄投递以外，还可以借助于其他媒介，如传真、杂志、电视、电话、电子邮件及直销网络、柜台散发、专人送达、来函索取、随商品包装发出等。DM形式有广义和狭义之分，广义上包括广告单页，如大家熟悉的街头巷尾、商场超市散布的传单，优惠券；狭义上仅指装定成册的集纳型广告宣传画册。

在促销广告策划中要根据具体促销主题、要求及其费用预算，来确定促销采用的广告形式，要最大限度地发挥其作用。

2．商品展示。把促销商品用最佳的形式来进行展示，这是一种有效的促销宣传，使顾客一进门就能看到吸引人的商品展示，从而激发消费者的购买欲望。商品展示可以采用"特别展示区"、"展台"、"端头展示"、"堆头展示"的方式，并运用照明、色彩、形状及装置或一些装饰品、小道具，制造出一个能够吸引顾客视线集中的商品展示，增强顾客的购买欲望。

3．商场广播。促销广播可以考虑每隔一段固定时间就广播一次。广播词力求通畅，广播音量要适中，音质要柔美，语速不急不缓。注重背景音乐播放，可以播放一些慢节奏的、轻松柔和的乐曲来鼓励消费者静下心来仔细选购商品，带动销售业绩的成长。

（六）促销费用预算

预算费用是促销方案设计必不可少的部分，对方案设计的促销活动必须进行费用预算。

1．费用预算设计列在两处。费用预算设计部分不能只有一个笼统的总金额，它应该列在两个地方：一是在促销活动方案中凡涉及费用的都要估算列出；二是以各方案预算为基础再设计独立的"促销总费用预算"，这样能使人看了一目了然。

2．费用预算内容。促销费用预算一般要考虑的费用有："广告费用"、"营业推广费用"、"公关活动费用"、"人员推销费用"等。

3．费用预算与促销方案须平衡。促销活动需要费用支持，促销费用预算与各促销方案设计是密不可分的，任何促销方案都要考虑到它的费用支出，这是衡量方案设计水平的一个重要标准。

4．费用预算要求。在方案设计中，费用预算要注意：①了解促销费用；②尽可能细化；③尽可能准确；④求得最优效果。

（七）促销实施进度安排

为了保证促销计划得以顺利实施，必须对整个计划实施过程予以控制。在促销方案的最后部分，要求设计促销实施进度安排。

1．促销实施的两个阶段。促销包括两个阶段：前期促销准备阶段和后期促销进行阶段。整个促销实施过程需要有效控制，从组织上、制度上、人员上和时间上给予充分保障，使促销活动如期、有效地开展。

2．促销实施的主要事项。商场促销准备一般需要两个月左右时间，准备的事项有：①促销商品进货；②DM 广告的制作和发放；③POP 广告的制作和布置；④促销商品的陈列和环境布置；⑤促销活动准备。

3．制定"促销实施进度安排表"。在方案设计中必须拟定一张"促销实施进度安排表"，明确安排这些工作、活动何时做，由谁做，有什么要求。具体操作可参考课业范例。

课业范例

捷强超市 2002 年"中秋"、"国庆"促销方案

一、促销时间

促销时间定为 2002 年 9 月 16 日至 2002 年 10 月 7 日，共计 25 天。

因为本年中秋节为 9 月 21 日，这次促销活动将中秋、国庆合并为一个促销活动，所以本次促销活动时间较长，以三周为妥。考虑到双休日因素，本促销活动应从 9 月 16 日（星期五）开始。

二、促销目标

2002 年"中秋"及"国庆"促销活动的目的是，抓住这次绝好的销售时机，使捷强连锁超市公司能在中秋与国庆两大节日中，通过有效的促销活动使假日营业额比平时增长 50%，提升本企业在消费者心目中的形象，增强本企业的市场竞争力。参加这次统一促销活动的为本公司市区的 92 家门店。

三、促销主题："国庆、家庆在捷强"

1．中秋节是中国传统的家庭团聚的日子，因此用"家庆"来表示。

2．此主题突出在：捷强的国庆、中秋热闹的气氛，字面含义可理解为捷强与消费者共度节日，主题旨在国庆与中秋期间以"大酬宾"与消费者共庆佳节。

四、促销活动安排

调查数据显示，60.97%的消费者认为"特价促销"最有吸引力，紧接着是"赠送促销"，认同人数占了 31.94%，消费者对免费使用、优惠券、抽奖等促销方式也较感兴趣。为此，我们决定本次促销活动可以采用以下方式：

1．特价促销活动

选择 50 种商品以"假日酬宾价"销售，商品价格下降 15%～20%左右，来吸引更多的顾客购买。特价促销涉及的费用开支由总部负责（有关厂商消化），各门店要做好这些促销商品的广告宣传、展台布置和商品陈列。

2．赠送促销活动

另选 50 种商品，通过不同的商品组合以"买就送"（买一送一、买大送小）的促销方式，刺激消费者购买更多的商品。赠送促销所涉及的商品、费用也由总部（有关厂商）负责，各门店要做好这些促销商品的广告宣传、展台布置和商品陈列。从促销要求角度上注重展台布置，考虑商品的组合陈列。

3．情感促销活动

在活动期间举办"佳节有感"一句话征文比赛。参赛对象年龄不限。凡参赛者均可获得小礼品一份，同时通过评比选出一、二、三等奖若干名，并获得一定的奖品。活动费用估计 68000 元。

通过这次情感活动，能有效地与消费者进行有效沟通，让消费者主动参与商场促销活动，

成为捷强忠诚的顾客,这是现代促销的精神所在。要求各门店重视这次活动的开展,扎扎实实地落实好总部所布置的征文活动事项。

4．爱心捐赠活动

联系2~3家食品厂商,以双方名义在9月21日中秋节这一天向慈善机构进行爱心捐赠。此活动由公司市场公关部统一组织。

捐赠对象：上海第一老人福利院的200位老人。

捐赠物品：每位老人2只广式月饼、1袋豆奶、《保健膳食》书籍1本。月饼、豆奶由厂商负责,书籍由捷强负责。书籍费用共计2000元。

五、促销宣传安排

（一）广告宣传

1．对象：市内92家分店预算金额：274600元。

2．负责人：广告宣传部期限：2002年9月12日之前全部完成。

表8-10 捷强超市国庆、中秋广告宣传费用预算表

项目	总量	要求	作用	费用预算
发放DM广告	150000份	50000门店发 100000投递	了解促销信息	150000元
张贴促销海报	10000张	店内张贴	介绍卖场赠送商品	20000元
悬挂特价POP	10000张	店内悬挂	介绍卖场特价商品	20000元
放置广告牌	184个	店内放置	宣传活动内容	1840元
悬挂吊旗	4600面	店内悬挂	突出活动主要	13800元
悬挂红灯笼	9200个	店内外悬挂	烘托卖场气氛	46000元
悬挂国旗	184面	店内口布置	突出活动主题	3640元
悬挂彩色气球	9200个	店堂布置	渲染节日气氛	18400元
张贴征文海报	460张	店内外张贴	传递活动信息	920元
合计				274600元

（二）商品展示宣传

1．特别展示区、展台：在卖场中心区域规划展区和展台,根据"中秋"、"国庆"的不同阶段来布置环境、陈列商品。

2．端头展示：促销商品放在货架的两端,并注意商品陈列。

3．堆头展示：有些促销商品可以在卖场过道区域落地堆放,搞商品组合堆头。

上述商品展示要运用照明、色彩、形状及装置或一些装饰品、小道具,制造出一个能够吸引顾客视线集中的商品展示,营造出促销气氛,顾客的需求及购买欲自然会增大。

（三）商场广播宣传

在促销期间,间隔播放"明日几时有"、"祖国颂"等诗歌、歌曲、民族音乐、轻音乐,在轻松柔和的乐曲中,使消费者投入到边欣赏乐曲边安心购物的过程中。

六、促销费用预算

本次促销总费用安排如下：

(1) 广告宣传费用：274600 元；
(2) 征文活动费用：11400 元；
(3) 爱心赠送费用：2000 元；

共计：288000 元。

考虑到实际使用中不可预见的因素，尤其是宣传广告费用，故应留些余地，整个"中秋"、"国庆"促销活动总费用预算 290000 元，可以控制在总公司的预算指标 300000 元内。

七、促销实施进度安排

表 8-11　捷强超市国庆、中秋促销实施进度表

时间	工作布置	负责部门
7/23～7/30	与供应商洽谈促销事宜	采购部
8/15 以前	促销商品备货结束	采购部
9/1	制作 DM 广告	广告部
9/3～9/9	准备全部 POP 广告	广告部
9/10	发送 DM 广告	广告部
9/11	征文比赛活动准备会议	市场部、门店店长
9/13	海报张贴、广告牌摆放	各门店
9/14	设置红灯笼、气球	各门店
9/15	店面装饰、调整货架	各门店
9/15 停业后	POS 机调整价格	门店店长、POS 人员
9/16～10/7	促销活动全面开展	各门店
9/21	爱心赠送活动	市场部

（资料来源：佚名.http://wenku.baidu.com.2013-09-01.）

 课业评价

"制定销售促进方案"课业的评估标准及评估分值见表 8-12。

表 8-12　"制定销售促进方案"课业的评价标准及评价分值

评估项目 \ 评估标准	课业是否基本完成 评估分值 60 分	课业是否达到要求评估分值 40 分	考评成绩 Σ100
课业 19： "促销计划方案"设计与分析 Σ100	基本完成，得 60 分 没有基本完成，酌情扣分	1. 促销时间、目标、主题设计等完整（10） 2. 促销活动方案、宣传方案设计可行（15） 3. 促销费用设计合理（5） 4. 促销工作进度安排全面（10） Σ40，没有达到，酌情扣分	

单元九　市场营销组织与控制

进入 20 世纪 90 年代以来，由于电子计算机、网络技术的不断进步，市场营销环境、消费者需求都发生了很大的变化，要求经营者重新审视自己所在区域市场中的环境特点，选择适合的市场营销组织形式及营销控制方法，不断提升企业的整体市场竞争能力，扩大产品的市场占有率和销售额，在市场竞争中赢得主动权。市场营销组织与控制是营销管理的两大重要职能。

　单元任务

通过本单元 3 项课业训练，更好地理解市场营销组织与控制理论，较全面地掌握《产品营销计划报告》撰写、市场营销预算和市场营销方案效果评估等基本技能，实现课程教学目标。

要求学生把所学的《产品营销计划报告》撰写、市场营销预算和市场营销方案效果评估理论运用于市场营销实践，针对具体情况，对其进行可行性分析，从而提高学生分析问题、解决问题的能力。

要求学生完成 3 项基本技能训练，即《产品营销计划报告》撰写、市场营销预算和市场营销方案效果评估。

要求学生在"市场营销组织与控制"技能培养的课业训练中，增强各项通用能力，对"分析判断能力"、"应变适应能力"进行重点培养。

　**单元意义**

（一）帮助学生理解"市场营销组织与控制"的重要作用

通过本单元课业训练，使学生能够把市场营销组织与控制的理论运用于实践中，理解市场营销组织与控制运用是衡量和评估营销策略与计划的成果的重要途径。能否及时采取纠正措施是确保营销目标完成的重要保证。市场营销组织与控制是营销管理过程中不可缺少的一个环节。

（二）帮助学生掌握"市场开发分析"技能

通过本单元课业训练，使学生能够掌握《产品营销计划报告》撰写、市场营销预算和市场营销方案效果评估等技能。学生能够根据营销实践、营销状况、机会与威胁的分析、企业营销目标、"整体产品"营销理念，按市场开发项目有关资料及产品营销计划方案设计要求，设计产品营销方案，对产品的功能、质量、品牌、包装、服务进行全方位营销策划，设计出最有特色、最能吸引消费者、最具有竞争力的产品营销计划方案；能够根据营销数据和营销计划编制营销计划预算，并得出分析结论；根据顾客态度跟踪评价，了解顾客的满意度，对某产品市场占有率、产品的竞争力进行分析，判断该营销方案带来的盈利能力如何，从而对整个市场营销方案效果进行评估。

（三）帮助学生在课业训练中提高综合素质

通过综合课业训练，在设计市场营销组织与控制方案中充分发挥了学生的想象力、创造力,增强了学生的学习兴趣。

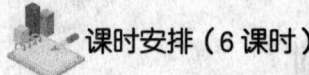 课时安排(6课时)

本单元把市场营销组织与控制作为课业理论指导,完成以下 2 项基本技能课业和 1 项综合技能课业的训练,达到本单元实践教学的目标。

课业 20:联系有关项目或资料,完成《产品营销计划报告》撰写的基本技能课业(指导 1 课时,课堂讨论完成课业 1 课时)。

课业 21:联系有关项目或资料,完成"市场营销预算"的基本技能课业(指导 1 课时,课堂讨论完成课业 1 课时)。

课业 22:联系有关项目或资料,完成"市场营销方案效果评估"的基本技能课业(指导 2 课时,课外完成课业)。

课业 20 《产品营销计划报告》撰写

 课业目标

通过本课业训练,使学生能够综合运用"整体产品概念"、"产品组合"等理论,根据小组拟定的营销计划目标,设计"效用定位"、"重视质量"、"优化组合"、"提升品牌"、"关注包装"、"完善服务"等营销方案,落实完成营销目标的保障措施。从而掌握产品营销计划方案设计技能。小组应该进行撰写分工,每个学生力争完成自己承担的部分。

要求学生通过《产品营销计划报告》撰写实践操作,认识产品策略在企业营销中的重要作用,掌握产品营销计划报告撰写步骤、内容和格式的基本技能。

 理论指导

(一)营销计划的概念和划分

企业营销计划是指在对企业市场营销环境进行调研分析的基础上,制定企业及各业务单位对营销目标以及实现这一目标所应采取的策略、措施和步骤的明确规定和详细说明。

按计划时期的长短划分,可分为长期计划、中期计划和短期计划;按计划涉及的范围划分,可分为总体营销计划和专项营销计划;按计划的程度划分,可分为战略计划、策略计划和作业计划。

(二)营销计划的内容

1. 计划概要

计划概要是对主要营销目标和措施的简短摘要,目的是使高层主管迅速了解该计划的主要内容,抓住计划的要点。例如某零售商店年度营销计划的内容概要是:本年度计划销售额为 5000 万元,利润目标为 500 万元,比上年增加 10%。这个目标经过改进服务、定价、加强广告和促销努力是能够实现的。为达到这个目标,今年的营销预算将达到 100 万元,占计划销售额的 2%,比上年提高 12%。

2. 营销状况分析

这部分主要提供与市场、产品、竞争、分销以及宏观环境因素有关的背景资料。具体内容如下：

（1）市场状况。列举目标市场的规模及其成长性的有关数据、顾客的需求状况等。如目标市场近年来的年销售量及其增长情况、在整个市场中所占的比例等。

（2）产品状况。列出企业产品组合中每一个品种近年来的销售价格、市场占有率、成本、费用、利润率等方面的数据。

（3）竞争状况。识别出企业的主要竞争者，并列举竞争者的规模、目标、市场份额、产品质量、价格、营销战略及其他有关特征，以了解竞争者的意图、行为，判断竞争者的变化趋势。

（4）分销状况。描述公司产品所选择的分销渠道的类型及其在各种分销渠道上的销售数量。如某产品在百货商店、专业商店、折扣商店、邮寄等各种渠道上的分配比例等。

（5）宏观环境状况。主要对宏观环境的状况及其主要发展趋势作出简要的介绍，包括人口环境、经济环境、技术环境、政治法律环境、社会文化环境，从中判断某种产品的命运。

3. 机会与风险分析

首先，对计划期内企业营销所面临的主要机会和风险进行分析。再对企业营销资源的优势和劣势进行系统分析。在机会与风险和优劣势分析基础上，企业可以确定在该计划中必须注意的主要问题。

4. 拟定营销目标

拟定营销目标是企业营销计划的核心内容，在市场分析基础上对营销目标作出决策。计划应建立财务目标和营销目标，目标要用数量化指标表达出来，目标要实际、合理，并应有一定的开拓性。

（1）财务目标。财务目标即确定每一个战略业务单位的财务报酬目标，包括投资报酬率、利润率、利润额等指标。

（2）营销目标。财务目标必须转化为营销目标。营销目标可以由销售收入、销售增长率、销售量、市场份额、品牌知名度、分销范围等指标构成。

5. 营销策略

拟定企业将采用的营销策略，包括目标市场选择和市场定位、营销组合策略等。明确企业营销的目标市场是什么市场、如何进行市场定位、确定何种市场形象；企业拟采用什么样的产品、渠道、定价和促销策略。

6. 行动方案

对各种营销策略的实施制定详细的行动方案，即阐述以下问题：将做什么？何时开始？何时完成？谁来做？成本是多少？整个行动计划可以列表加以说明，表中具体说明每一时期应执行和完成的活动时间安排、任务要求和费用开支等。使整个营销战略落实于行动，并能循序渐进地贯彻执行。

7. 营销预算

营销预算即开列一张实质性的预计损益表。在收益的一方要说明预计的销售量及平均实现价格，预计出销售收入总额；在支出的一方说明生产成本、实体分销成本和营销费用，以及再细分的明细支出，预计出支出总额。最后得出预计利润，即收入和支出的差额。企业的业务单位编制出营销预算后,送上层主管审批。经批准后,该预算就是材料采购、生产调度、劳动人事以及各项营销活动的依据。

8．营销控制

对营销计划执行进行检查和控制,用以监督计划的进程。为便于监督检查,具体作法是将计划规定的营销目标和预算按月或季分别制定,营销主管每期都要审查营销各部门的业绩,检查是否完成实现了预期的营销目标。凡未完成计划的部门应分析问题原因,并提出改进措施,以争取实现预期目标,使企业营销计划的目标任务都能落实。

课业任务

要求学生把"产品营销计划"理论运用于营销实践、营销状况、机会与威胁的分析、企业营销目标,分组进行市场调查,按市场开发项目有关资料及产品营销计划方案设计要求,选择食品类某产品,撰写《产品营销计划报告》。注意撰写的步骤、内容、格式。

操作指导

一、《产品营销计划报告》撰写步骤

(一) 资料的搜集

1．市场需求调查。产品要更好地满足消费者的需要,必须进行大量的市场调研,从现实消费生活中提取素材,引发创意。尤其要重视对零售点、购买对象进行实地访问,组织产品的市场调查,收集有关产品的市场需求资料。

2．产品资料收集。对产品的相关性能、工艺、技术资料进行了解,要熟悉该行业的最新研究情况、产品的发展方向。了解产品有关的政策法规文件。

3．企业情况调查。了解有关企业发展的目标规划、经营理念、企业文化、品牌建设,对企业现有资源情况、产品生产原料的选择、产品制造的工艺要求、质量保证体系的运行进行调查。

(二) 资料整理与分析

在获取大量资料的基础上,客观地、辩证地分析企业现状,对市场需求、消费者、竞争者状况进行资料的整理与分析,归纳分析产品的核心层、有形层、附加层等相关资料,为产品营销方案的设计做好准备。

(三) 集体讨论,寻求创意

这是产品营销方案设计的初行阶段,可以随意发挥自己的想象,开拓思路,进行创意。在创意讨论中,仍然按照整体产品概念的三个层次进行。

1．核心产品的讨论、创意。讨论所设计的产品应该提供给消费者的基本效用或利益是什么,如何确定一个明确的概念。

2．有形产品的讨论、创意。寻找产品效用或利益得以实现的有效形式,对产品品质、特色、式样、品牌和包装提出具体的构思、创意。在集体讨论的基础上形成共识。

3．附加产品的讨论、创意。在了解企业可能提供的产品服务种类的基础上,讨论、构思产品服务的领域、形式和水平,创意出独特的服务方案来。

(四) 方案具体设计

产品设计方案始终要围绕整体产品概念的三个层次来进行。一般来说,产品营销计划方案设计的内容有：①产品效用定位；②产品质量保证；③产品组合确定；④产品品牌推广；⑤产品包装改进；⑥产品服务完善。

（五）产品营销计划报告撰写

产品营销计划最终要形成一份书面计划报告。产品营销计划报告是产品营销设计构思与具体方案的书面表现形式。要完成这项最后的工作，需要明确以下两点：

1. 明确撰写任务。产品营销计划报告是综合实践课业，一般要求作为团队合作课业完成。要求每个学生明确自己的撰写任务，在规定的期间内必须完成作业。

2. 明确撰写要求。如何精确而简洁地把自己的方案设想、创意转化为书面文字，要做到思路清晰、主题明确、结构合理。

（1）案头资料及时准备。把搜集的资料、小组的讨论、个人分析意见及时汇总起来，整合为方案设计所需的材料。

（2）撰写时间合理安排。基本写作资料已经具备，就需要花费一定时间完成初稿，再经过修改校对、正式打印、设计封面、装订，一份完整的计划报告就完成了。

（3）明确撰写内容结构。产品营销计划报告要求对产品的市场需求、企业的客观条件进行评估分析，以此为基础提出构想、设计方案，来实现企业营销目标。产品营销计划报告结构一般分为：营销计划目标、市场状况分析、企业状况分析、产品营销方案设计。

二、《产品营销计划报告》撰写内容

（一）营销计划目标

营销计划目标是企业营销在一定时期内（一年）要完成的任务。目标的确定一般是根据上级部门要求及上期计划完成的情况制定的。在企业营销计划报告中，营销计划确定的目标有五个方面内容：①年营业收入（如果客观收入不均衡的话，还需把指标分解为不同的月度指标或季度指标）；②经营利润；③市场占有率；④品牌形象目标；⑤顾客满意度。营销计划目标的制定要求客观、具体、准确，其完成需要落实有效、可行的营销措施，其中主要的是需要设计产品营销方案。

（二）市场状况分析

《产品营销计划报告》撰写离不开企业营销环境，要求对市场环境进行分析。通过市场分析可以清楚企业的市场位置、竞争者的状况、消费者对产品的需求情况，这是制定计划的依据。市场环境分析要求从以下三方面着手：①市场需求分析；②竞争对手分析；③市场机会分析。

（三）企业状况分析

计划报告必须对企业状况进行分析，目的在于能否充分发挥、挖掘企业现有的资源优势，如人力资源、技术资源、物质资源、资金资源等方面的优势，用于开发产品和市场，获得营销机会。为此，对企业的经营、管理的情况要作全面、客观的分析。企业状况分析要求从以下三方面着手：①企业资源分析；②营销能力分析；③品牌影响度分析。

（四）产品营销方案设计

这是产品计划制定的重点部分。产品营销方案要求根据整体产品营销原理进行设计，不同的企业、不同的产品、不同生命周期的核心产品、形式产品、延伸产品的营销要求都会有所不同，应该根据不同情况进行具体策划。产品营销方案设计的主要内容如下。

1. 核心产品定位

如果是新产品营销计划，首先要设计"核心产品定位"方案。根据核心产品原理，在计划方案中确定产品提供给消费者的基本效用是什么,形成一个明确的概念。比如可以以"健康"、"营养"概念来确定豆奶的效用或利益。

核心产品定位设计时,注意要掌握从消费者需求的角度出发,对产品的效用进行正确的描述。在选择本课业训练内容时,应选择学生较为熟悉的日常消费品,表述较为容易形成。通过充分讨论、创意后,用简练的、概括性的语句来描述核心产品的效用定位。如果是商业营销计划,经营的是宽泛商品结构,这部分内容就没有必要设计了。

2. 重视产品质量

产品是靠自身的质量特性和用途来满足消费者的需要的,反映质量特性的技术参数构成了产品的质量标准。产品质量保证方案设计中一般要强调的措施有:

(1) 建立质量保证体系。如何保证产品达到规定的技术标准,需要建立质量保证体系,即在企业内部强化各个环节的质量控制和监督来保证产品质量,符合规定的标准。

(2) 产品质量全过程控制。保证产品质量要从产品原料的供应、产品的生产、运输、储存和销售的全过程来采取措施,设计方案。

(3) 产品质量的全员行动。要求提高企业员工对产品质量的认识,提高生产技术水平,落实规章制度,实现全员质量控制,这是产品质量的根本保证。

3. 优化产品组合

产品计划报告撰写要求根据整体产品策略、产品组合策略和新产品开发策略的原理进行方案设计。在设计中要考虑以下两点:

(1) 新产品开发。进行方案设计的新产品不仅要提供利益、质量,更要符合现代人的审美观和情趣,在突出产品实用功能的同时,更要体现外观功能和美观功能。产品的外观与式样是消费者接收的第一个产品信息,是消费者对产品形成第一印象的关键。在新产品设计中,更要关注产品的个性化设计,要与现代消费特点结合起来,突出个性,追求时尚、健康、大方、亲和是现代消费的特点与趋势。

(2) 产品组合优化。方案设计推出多少产品,是从产品线上推出还是从产品项目上推出。一般来讲,从产品项目上推出效益较好,可以利用企业现有的设备、工艺技术推出不同的产品,在方案中要进行命名,描述他们的不同功能、特性。要求学生充分发挥自己的想象力、创造力,开展小组讨论,大胆提出具有创意的产品组合方案。

4. 提升品牌知名度

提升品牌知名度是产品方案设计的重要内容。即通过什么途径和方式来宣传品牌,如何才能给消费者留下深刻、美好的印象。方案内容要把握以下几点:

(1) 产品品牌现状的评估。对企业现有品牌是什么;品牌代表的属性、利益、价值、文化、个性等涵义是什么;品牌的推广力度如何;品牌的市场信息及消费者的青睐程度都要作客观分析。

(2) 寻找品牌推广的薄弱之处。分析品牌推广存在的问题的原因所在,才能帮助企业找到有效的品牌宣传的途径。

(3) 提出品牌推广措施。提升品牌知名度是品牌战略的重点内容。需要通过有效措施积极推广,才能迅速让消费者了解品牌内涵,扩大品牌的知名度。品牌推广可以依据品牌策略理论,根据现代生活方式和消费特点,进行创造性设计。

①广告推广。从视觉上强化品牌印象,根据企业情况选择具体的广告形式。一般常用的

有电视广告、印刷广告、商场广告、灯箱广告、车体广告。

②促销推广。从触觉、味觉上强化品牌印象，在产品促销活动中，运用特制的广告赠品和礼品，在商业街、商场组织"试尝"、"试用"活动。

③公关推广。可以组织社会公益、关爱活动，如对孤寡老人送去一份关爱；支助贫困家庭、贫困地区的孩子；赞助社会文化体育事业发展；美化环境，参与绿色行动等。通过这些公益活动树立品牌形象，让消费者留下深刻、美好的印象。

5. 注重包装及改进

要求深入了解市场上同类产品的包装设计，根据产品包装策略理论，大胆创意设计新颖、具有特色的包装改进方案。

（1）包装容量改进。根据消费者的不同需求，单一容量的包装满足不了顾客的多样化需要，要设计多种不同的容量包装。

（2）包装款式改进。包装款式是包装设计的重点，要改变陈旧、单调的包装款式，设计多样、新颖的包装款式，来引起消费者的注意，促进销售。包装款式设计要求：贴切时代气息；体现品牌风格；符合文化定位。

（3）包装材料改进。改变与产品、品牌档次不匹配的包装材料，注意包装材料选择必须考虑不要加重消费者不必要的负担，防止出现小商品大包装和低价商品豪华包装的浪费现象。

（4）包装标签改进。改变不适应的包装标签，要注意对标签上产品成分、品牌标志、产品质量等级、生产日期、使用方法等内容的设计，设计要求客观、醒目，能引起消费者的注意以促进销售。

（5）改善包装策略。改善原有包装措施，有效运用赠品包装、组合包装、再使用包装等策略，以收到更好效果。

6. 完善产品服务

要注意了解消费者的服务需求，借鉴同类型企业服务经验，以服务策略理论为指导进行构思创意。产品服务方案设计内容如下：

（1）服务领域开拓。根据自身产品的特性和顾客要求进行开拓。开拓内容有：服务项目、服务水平、服务形式。服务领域开拓要以能否提高顾客满意度、顾客忠诚度和重复购买力作为原则。

（2）提高服务质量。方案设计应从四个方面入手：①时间上的迅速性。对顾客反映的问题能迅速、及时给予解决；②技术标准化和全面性。服务网络的设置、服务技能和设备、服务程序、服务方法等都要适应和方便顾客和客户的需要；③服务过程亲和性。服务人员的仪态仪表要端庄，精神要热情饱满，态度要和蔼可亲；④语言和行为的规范性。服务语言要文明礼貌，行为举止要规范。

（3）服务方式创新。创新服务方式，形成鲜明的服务特色。现代服务方式一般采用：①服务承诺；②电话服务；③网上服务；④注册服务品牌。

三、《产品营销计划报告》格式要求

《产品营销计划报告》是产品策略的实践运用，以整体产品策略理论作指导，进行产品营销计划方案设计，《产品营销计划报告》是企业营销活动的指南。

（1）封面。封面需作规范性设计，上面需要标明"产品营销计划报告名称"、"撰写日期"、"撰写人姓名及所属单位"。

（2）前言。首先说明计划撰写的必要性。产品营销计划是企业营销活动的指南，是营销目标实现的保证，要从营销角度说明计划撰写的必要性。还要交代计划撰写的组织情况，主要交代撰写人员及其分工、组织了哪些重要活动。这部分内容的写作要求是客观、简洁扼要。

（3）目录。除非报告的页数很少，否则不要省略目录页的内容。因为通过目录可以让人们对分析报告有个概括的了解。在目录中，应包括计划报告各章次标题，如果计划报告内容多的话，还需标上各节次标题，要求二级目录。

（4）正文。正文是产品计划报告的主体部分。正文首先制定产品营销计划目标；接着对影响产品营销的市场环境和企业条件进行分析，为产品计划奠定基础；正文的重点是对产品计划方案进行构思、创意和分析，进行全方位整体产品方案的设计。

（5）附件。计划报告中很具体的方案或较大的表格、图表以及需要附加说明的材料都可以作为该报告的附件。如"产品包装设计图"、"产品品牌设计图"可以独立成为一个指导文件，阅读和操作起来较清晰、方便。

 课业范例

千色店 2011 年营销计划报告

目　　录

一、营销计划目标
二、市场状况分析
　　（一）市场需求分析
　　（二）市场竞争分析
　　（三）营销机会分析
三、企业状况分析
　　（一）目标顾客分析
　　（二）企业资源分析
四、千色店营销实施方案
　　（一）系列产品策略
　　（二）消费定位策略
　　（三）整合配套策略
　　（四）价格策略
　　（五）渠道策略
　　（六）促销策略
　　（七）服务营销
五、预算费用

深圳市千色店百货用品有限公司（简称千色店）成立于 1995 年，是一家主营女性日化用品的专营连锁机构。公司创办初始就以高质量、低价格、丰富的品种、舒适的环境、专业的服务为宗旨，消费群体定位在中高收入的女性。

2005 年 7 月，千色店西南分公司成立，吹响了千色店由珠江三角洲向全国市场进军的号角，

经过十年的努力，如今千色店已全资拥有 52 间店铺，覆盖深圳、广州、东莞、珠海、中山、佛山、惠州、成都、重庆等多个大中城市，成为当地白领女性购买时尚品的首选零售品牌。

在大力拓展全国市场的同时，千色店也在电子商务领域大展拳脚。千色店网站自 2000 年成立以来，先后与淘宝网等进行合作，搭建起完善的网上购物平台。目前，千色店网站已成为国内领先的 B2C 及 B2B 交易平台，兼营网上零售及批发业务，力争为广大网民提供优质的服务和用户体验。

本报告希望能通过了解江南西这一带的消费市场特征和消费习惯，为"千色店"的 2011 年度计划提供客观依据和建设性建议。

一、营销计划目标

略。

二、市场状况分析

（一）市场需求分析

2009 年，在国际金融危机对实体经济带来的影响进一步加深的背景下，经济增长放缓，化妆品产业的零售额有所下降，但市场需求量依然很大。在我国就大概有 80%以上的女性消费。经过我们调查发现，到千色店消费的顾客大多数为白领（月收入为 2000 元以上的），她们每个月会花费几百元来购买化妆品或护肤品。

护肤品行业现在正处于中期发展阶段，由于投资门槛相对较低、回报相对较快、进入容易，因而品牌数量极多，竞争呈纷杂状。护肤品市场的重要特征是进入企业多、竞争白热化、资金投入高、市场更新快。

天然和有机成分将成为化妆品成分主流，美白产品将可能成为各大化妆品牌的主打系列，以安全健康为主要诉求的药妆市场也有望继续升温。现在越来越多的企业开始发展绿色、自然、有机成分的护肤产品。千色店店址位于广州市江南西路 56 号铺，临近宝岗大道和江南东路、紫金大街，附近有润汇大厦、丰汇居、江南中街文化广场、书店、银行。周边为高档住宅区，核心商圈 30 万人，消费能力强，分别有丰汇居、南丰阁、江南西公寓等居民楼。地理位置十分优越，地域繁华，临近十字路口，泊车位充足，人流量大，车流量多，交通便利，住宅密集，是经济和商业繁荣区，有餐饮和酒店，繁华热闹，周末更是人潮涌动。

（二）市场竞争分析

国内护肤品和化妆品行业竞争激烈，竞争现状呈三国鼎立之势，即洋品牌、合资品牌、国产品牌三分天下的局面。产品也分高、中、低 3 档，不同的品牌、不同的消费档次对应不同的目标人群。有时同一厂商也生产出不同档次、不同品牌的化妆品，因此竞争更显激烈。但无论何种品牌，都在产品开发创新、销售渠道、价格策略、促销等营销策略上各显神通，几乎呈白热化竞争。因此产品附加值更加关键，销售化妆品不仅仅是销售一种有形的产品，更是销售一种无形的服务、一种产品的附加值。

（三）营销机会分析

从千色店的地理位置来看，它有十分强大的吸引力，交通便利，人口密集，住宅区较多，存在着大量的潜在顾客。

三、企业状况分析

（一）目标顾客分析

经过我们对江南西这一带的人口调查，我们以人口来划分千色店的细分市场。首先，从性别划分，我们只要经营 20~50 岁女性消费者的化妆产品和护肤产品。在形形色色的现代生活中，护肤品与化妆品已成为女性们必不可缺的东西。其次，从收入来划分，我们要针对不同收入和消费习惯的群体发送金卡、贵宾卡，优惠券等，在江南西这一带大约有 60%以上的女性月收入为 2500 元以上的，这对于我们千色店来说是一个很有吸引力的市场。再次，从年龄来划分：①经营亮丽彩妆针对追求时尚、爱打扮、喜欢标新立异的年轻女孩；②经营绿色、自然、有机成分的护肤产品主要是针对中年妇女。

（二）企业资源分析

我们的目标指向了 25 岁以上的上班族（白领），这个群体往往是拥有一定经济能力的，并且这类女性人数是相当多的，这个年龄的她们在社会中扮演着不可或缺的角色，对于外表也是相当注重，品位也比较高。所以在生活中，她们会为了保护自己的皮肤而购买护肤品，会为了每天的妆容而购买化妆品，我们经营的产品中囊括了高、中、低档各类，80%的化妆品以及日用品均由海外采购，例如有像欧莱雅、兰芝这些比较中档的牌子，但也有迪奥、安娜苏这样比较高档的品牌。适应各个层次收入的女性消费者购买。再加上各个千色店都会搭配销售饰品或者女性内衣、包等，产品范围广泛，从而扩大了消费群。而屈臣氏或者万宁主要经营中档护肤品，并且没有香水或者比较高档的产品，这相对于千色店来说是有一定劣势的。千色店这种差异性营销策略对不同细分市场的需求都能适应，无疑是做得较为成功的。

四、千色店营销实施方案

千色店经营的产品类型有护肤品、化妆品、头饰、皮具、内衣、日用品。千色店产品的特点是来源于各大知名品牌的美容化妆品及其他不同的产品。例如：雅诗兰黛、安娜苏、迪奥、阿玛尼、高丝、香奈儿、巴宝莉、倩碧、原宿娃娃、碧欧泉、资生堂、兰蔻、范思哲等国际品牌产品。它们在国际上都有很好的声誉，也是消费者值得信赖的产品。

为了保证各种营销目标的实现，根据我们经营的实际条件，设计有效、合理的产品及有效实施方案。

（一）系列产品策略

包装是护肤品、化妆品营销的关键性因素，视觉印象好不好、产品档次高不高，首先就是包装设计。不少护肤品和化妆品企业在包装方面非常下功夫，有时花在包装上的成本要远高于化妆品实物。因为消费者购买化妆品的感觉很重要，而包装就是给消费者的第一感觉。就像相亲一样，中不中意首先是外表是否有吸引力，然后才有深交的可能。采用新颖独特的包装，顾客的购买欲望就会大大增强。另外，新颖的包装可以为一件极普通的产品增添光彩和吸引力。我们对不同的产品进行不同的包装策略。

在包装上采用统一风格设计（如图案、相近的颜色）来体现企业品牌特色。系列产品策略可使消费者产生企业实力大的印象，同时也能增强其识别能力，只看其中之一便知是哪个品牌产品，能把产品与品牌形象紧密关联，可以大大节约传播费用与生产成本费用，有利于树立品牌形象，使新产品推向市场更加容易。

（二）消费定位策略

产品按定位来分，可分不同档次的产品，针对不同的消费人群，即便是一个品牌，其定位人群不同，产品档次就不同，质量和价值感也就不同。包装是品牌的视觉外形，必须同品牌传达的内涵一致，对高档定位产品可采用精品优质包装，一般定位产品采用普通包装，这样才能准确地区分品牌消费人群，有效地细分市场，促进产品销售。

（三）整合配套策略

把几种有关连的化妆品或不同细分用途的化妆品设计在同一包装盒内，如眼霜、精华素、面膜等多种细分护肤品成套包装。这种配套包装可方便消费者购买和使用，有利于带动整体产品销售，且增强了品牌的功能性，也为消费者提供了一种全套式服务，利于培养新的消费习惯，稳定消费人群。

（四）价格策略

价格策略是顾客购买产品最敏感的话题。一般而言，人们总是希望花最少的钱办更多的事，不少商店因为产品价位的不合理而失去了大批的顾客。利用人们购物心理进行定价，是避免顾客闻价而"色"变的有效方法。

1. 以尾数定价

我们根据消费者购买心理反应，将产品价格以尾数8、7、9、1等数字进行价格定位。例如一支泊美柔肤控油化妆水售价57元，使消费者觉得这个产品不到60元就可以买得到了，给消费者造成一个便宜的感觉。

2. 季节折扣

根据产品淡旺季和消费者购买的时间、数量来决定是否给予折扣、折扣多少的定价策略。我们现在正在进行一个夏季产品活动：凡购买夏日装备系列产品（防晒、脱毛、洋伞、泳衣、太阳镜等）即可享有3倍积分。这种定价运用得当，不仅可以吸引消费者，还可以有效调节淡季客流过少等情况，使店面常见顾客盈门。

3. 数量折扣

不定时间进行一些数量折扣活动，主要以盒装面膜进行数量折扣，比如一盒"番茄美颜亮白面膜"平时卖30元，现在只需30元就可得买一送一的优惠。这也是为回馈顾客对我们千色店的大力支持。

（五）渠道策略

直接跟厂商拿货，保持长期的合作伙伴关系，我们建立了自己的配送中心，货物进行统一采购、统一配送，送到每个门店，而我们千色店经营的各类国际大品牌中，有三分之二以上的化妆品及相关日用品都是由海外直接采购，减少了一些中间的费用，直接从厂家拿货的价格都比较优惠，又可以拿到高质量、大品牌的产品。这样我们可以减少一些成本，同时也保证了国际最新产品的引进和极具竞争力的价格。与其他专营店比形成较强的竞争力，在这方面我们就占据更多市场份额。我们还有一些中端的品牌都是从国内出口的厂家直接进货，这样不仅价格比较优惠，而且运费也比较便宜。

（六）促销策略

主要以短期的宣传为主，目的是增强消费者购买的积极性，让顾客认知我们的产品。千色店在每个月都会针对当月的特点进行促销活动，特别是在节假日，会针对节假日做出相应的促销活动。例如：办理会员卡的顾客能享受8.8折的优惠活动，但除特价商品外；购买满一定的金额可以减免少数金额；购买满一定金额送店内产品；还有限时抢购和"买二送一"等促销活动。

对新推出的商品，千色店会在第一时间内做大量的宣传和促销活动，让更多顾客了解它。同时顾客也可以到千色店来免费体验新产品，适合的话可以现场购买。千色店为顾客提供优质的服务，销售人员会针对顾客的皮肤推荐相应的产品，为顾客详细讲解，使得顾客能在店内买到满意、放心的产品。

促销活动时间分为三个时段：2011年情人节一天；2011年五一劳动节三天；2011年母亲节两天。

我们千色店于2011年3月在中央电视台播放新产品的广告，播放时间是每周五晚上18:00，广告播放时间为30秒，这个广告持续播放三个月，我们商品种类是护肤品，名称是"理肤泉清润抗油光冰净哑光凝露"。该广告的目标受众指向了25岁以上的上班族（白领）；该广告的吸引类型：理性型；我们主要以广告宣传为目标；广告信息处理：①传递风格：皮肤光滑、亮丽的知名女演员为宣传代表；②语调：温和；③措辞：全新上市清润抗油光；④格式：背景海洋；⑤标题：选择色彩、选择生活；图片：护肤产品。

海报设计：①西方情人节海报：一年一度的情人节到了，在这个特别的日子向你的情人献上温情的问候，带上千色店的精美礼物向情人表达你的关心、爱心、爱护。②五一劳动海报：五一来临，选择色彩、选择生活来我们千色店，丰富女人的品味。千色店为你准备丰厚的优惠，快来选购。添加一些防晒产品的广告，让顾客有一个轻松、快乐的夏天。③母亲节海报：亲爱的会员，来看看千色店为你精心准备的优惠产品、最新尊享特惠和积分活动，个别特殊商品"买一送一"，当然还有最新鲜的潮流资讯、热潮新品。来尽情享受购物的欢乐吧。

我们店针对节日采取了三种促销手段：当天凡是顾客在本店买满250元，便可参加减50元的优惠活动；当天顾客在本店消费满500元，可以免费办理会员卡一张，同时拥有会员卡将享受8.8折的优惠，除特价商品；当天在本店购买护肤类的产品满150元，可以获得爱丽茶香洗面奶一支；购买两盒"百果之坊"面膜送一盒"百果之坊"面膜的活动是在当天下午的15:00到20:00进行，抢购的数量为500份。

针对千色店自身推出的新产品（理肤泉清润抗油光冰净哑光凝露），我们在店门口设置一个展台，在店面右边的展台上摆出新产品，当天光临的顾客可以在现场免费体验新产品，同时有2名专门工作人员帮顾客检测皮肤，为顾客解决疑问，使顾客购买的产品是适合自己皮肤的，消减顾客对皮肤的困扰，同时也积极推广千色店新推出产品，让顾客买得放心。凡是在本店购买新推出产品的顾客都将会获得试用装。

促销人员分为场内促销员与场外促销员。场内促销员（2名）主要负责：以最好的服务态度为顾客介绍产品，及时对货品查缺补漏，看管好店内货品；场外促销员（2名）主要负责：派发传单，简单介绍产品功能，向顾客说明店内促销产品及各类优惠信息。

促销人员的责任和注意事项：场内促销人员应该在顾客进入店里的第一时间关注顾客，大声喊出本店口号以及"欢迎光临"，一旦顾客需要帮忙或咨询，应给予最好的回应，并全程微笑，对于顾客提出的问题要耐心解决。顾客确定购买的货品要装入店内配有的小篮子，并随顾客到收银台，直至顾客付款完毕并礼貌送客后重返岗位。促销员应多注意货架上的物品是否缺货或少货，一旦发现缺货，应立即通过仓管人员补齐。场内促销人员应该担当保管好货品的责任，以免有些不法分子趁乱偷窃。每2个促销员都有一个专门负责的区域，区域内的所有顾客为监管对象，一旦丢货，将追究负责人员的责任，丢失货品按价赔偿。场外促销人员将在店面周围的一定范围内派发传单，必须做到笑脸迎人，人未到微笑先到，对于感兴趣的顾客要积极引导进入店内，过程中可简单介绍顾客感兴趣的产品的功能，并对顾客介绍店内的促销货品及最新的优惠信息。在场外促销中，促销人员不得擅自离开工作岗位，不能随意坐下休息，态度要热情。

（七）服务营销

护肤品和化妆品应注重服务营销，服务营销是为消费者提供专业咨询、购买方便、使用指导、使用价值跟踪等营销行为，其目的就是增加商品的使用价值。化妆品的服务营销首先应立足于"观念教育"，虽然化妆品发展日益好转，但传统的化妆观念存在误区。如男人不能用化妆品；夏日无所谓，冬天抹点油等。从消费观念来分析，中国化妆品护肤理念还没有真正成熟。因此，服务营销的首要精力要先花在市场培育上，可使化妆品的消费市场更成熟、消费群体更大。这有待于商家、专业人士及营销人士的引导传播，从美容角度树立正确护肤理念，让更多的人喜好、依赖化妆品。

化妆品还要注重"服务的专业性"。在宣传上，将皮肤结构、生理构造、皮肤类型等护肤基础知识，根据消费者的需求作科学沟通，引导他们认识皮肤构造，了解护肤的重要性，并引导消费者培养护肤习惯，以及针对皮肤特点科学地护肤。

有了以上基本思想的灌输，然后针对产品特性与目标消费特性，提出"独特销售主张"，传播品牌概念，诉求产品功能与针对性，将该化妆品塑造成专一性的、为某消费者特别设计的一套"量身定做"的化妆品，告诉消费者非常适合其皮肤美容，并提出科学的使用方法。有问题要及时沟通，增进彼此感情，创造再次购买条件，将其发展成忠实顾客，还可借其口碑传播引进新客户，扩大消费人群。

五、预算费用

以上促销活动的费用如下：

费用	费用金额（元）
广告费	21000
海报费用	1000
促销人员费用	4320
总费用	26320

（资料来源：根据网上资料改编。）

课业评价

《产品营销计划报告》评估标准和评估分值详见表9-1。

表9-1 《产品营销计划报告》评估标准和评估分值

评估项目 评估分值	课业评估标准	考评成绩 ∑100
一、营销计算目标 ∑10	1. 确定年度营业收入目标，利润目标，品牌形象目标（6分） 2. 目标设计要求具体、可行（4分）	
二、市场状况分析 ∑5	1. 对市场需求、竞争状态、营销机会进行分析（3分） 2. 分析要扣主题，要客观、正确，要有条理（2分）	

续表

评估项目 / 评估分值	课业评估标准	考评成绩 Σ100
三、企业状况分析 Σ5	1. 对企业资源、营销能力、品牌影响进行分析（3分） 2. 分析要扣主题，要客观、正确，要有条理（2分）	
四、产品组合方案设计 Σ18	1. 从消费多样化、个性化出发，根据产品组合的宽度、深度要求设计产品组合方案（10分） 2. 方案设计要有创意，要具体、可行（6分） 3. 方案分析紧扣主题、条理清楚（2分）	
五、重视质量方案设计 Σ18	1. 从产品生产、流通的全过程，全方位设计保证产品质量方案（10分） 2. 方案设计要全面、具体、可行（6分） 3. 方案分析紧扣主题、条理清楚（2分）	
六、提升品牌方案设计 Σ18	1. 从消费者认知心理和消费模式角度设计品牌推广宣传方案（10分） 2. 方案设计要有创意，要具体、可行（6分） 3. 方案分析紧扣主题、条理清楚（2分）	
七、完善服务方案设计 Σ18	1. 从消费者附加利益、市场竞争特征出发，设计完善的服务方案（10分） 2. 方案设计要有创意，要具体、可行（6分） 3. 方案分析紧扣主题、条理清楚（2分）	
封面设计 Σ2	1. 符合文本规范（1分） 2. 整洁、美观（1分）	
前言设计 Σ4	1. 描述计划撰写的目的、组合、分工等背景情况（3分） 2. 描述全面、简练（1分）	
目录设计 Σ2	1. 符合文本规范（1分） 2. 整洁、美观（1分）	
个人完成作业成绩：		产品设计方案小组总评成绩：

课业 21　市场营销预算

课业目标

通过本课业训练，使学生懂得营销预算是企业营运的重要控制工具，是企业经营战略的细化，是执行经营战略的重要环节。掌握编制市场营销预算的基本步骤和方法，进一步掌握营销预算的基本理论知识，并能够独立进行市场营销预算分析。

理论指导

（一）营销预算的概念和内容

营销预算实际上就是对营销活动中所使用的各种营销工具进行成本的估计。它是企业经营预算的重要组成部分,直接关系到企业营运的效率和效益。例如,如果要实现提高市场份额的目标,那么随着销售收入的增加,用于进一步扩大市场份额所需要的成本也应该增加。

营销预算的内容包括营销机构费用和营销活动费用。前者为固定费用,后者为变动费用。营销活动费用即各种营销工具费用,如促销、广告、公共关系等费用,是一种弹性极强的费用类型,额度的大小与控制的严格程度有关,而活动效果的好坏却难以准确地与所发生费用的多少直接确定,因此在预算中,预算控制也是非常重要的。应在确定正确的预算目标的基础上,选用合理的预算方法进行控制。

（二）编制市场营销预算的方法

表 9-2 编制市场营销预算的各种方法的比较

方法	涵义	评价
固定预算 （Fixed Budget）	是按固定业务量编制的预算,一般按预算期的可实现目标利润水平来编制。这是一种较为传统的预算编制方法	优点是编制较为简便;缺点是实际业务水平与预算业务水平相差较大时,就难以达到预算应有的作用
弹性预算 （Flexible Budget）	是在不能准确预测预期业务量的情况下,根据成本形态及业务量、成本和利润之间的依存关系,按预算期内可能发生的业务量编制的一系列预算	优点是它使预算与实际业务具有可比性,能更好地进行预算控制和差异分析;一经编制,只要各项消耗标准和价格等依据不变,便可连续使用,从而大大减少工作量
滚动预算 （Rolling Budget）	是以 12 个月为基础,每过 1 个月都要根据新的情况进行调整,在原来预算期末再加 1 个月的预算,从而使总预算期始终保持 12 个月	优点是能够保持预算的完整性、持续性,从动态预算中把握企业的未来。有利于充分发挥预算的指导和控制作用。不足之处在于耗费时间长、成本高,必须有与之相适应的外部条件

 **课业任务**

实训资料：

凯歌公司是小天鹅集团生产的阿拉丁空调在 F 省的销售总代理,下面是关于该企业的一些主要数据：

（1）年营业额：3000 万元人民币。

（2）国内市场：2000 万元人民币。

（3）出口额：1000 万元人民币。

（4）营业利润：500 万元人民币。

（5）主要产品：家用电器。

（6）4 年销售历史记录分别为 2360 万元、2583 万元、2850 万元、3000 万元。

（一）工作任务 1：选择一种方法,根据上面数据和营销计划编制营销计划预算

要求做到规范、清晰,费用项目完整,能够充分考虑企业自身支付能力和盈利能力,编制出一个合理、可行的营销预算。

（二）工作任务 2：要求学生分组进行预算编制

进行分组,3～5 人为一组;根据企业基本情况与所收集的信息进行小组讨论和分析,并设计预算模板;以小组为单位编写营销预算;提交小组报告。

（三）工作任务3：根据资料数据，计算出相关指标

（四）工作任务4：得出分析结论

操作指导

（一）编制市场营销预算的步骤

编制市场营销预算的组织通常是财务部门的预算小组，它要负责预算编制的表格制订、预算编制的假设、协调各部门的预算，并且要汇总预算进行平衡和与企业的目标进行比较，同时承担预算的修订工作。

（1）原始预算的提报。营销主管在企业预算部门制订的预算原则之下，围绕营销计划目标，组织各相关部门人员开始制订预算。

（2）营销任务预算。即直接依据营销方案的实际需求来进行预算。为了计算出总的预算支出，必须估计出营销计划中每种营销工具的运行成本。预算在这里表现为确保营销目标实现的更为有效的方式。这时要充分考虑自身的支付能力和盈利能力。

（3）确定销售收入百分比。即将销售收入的百分之几确定为营销预算的标准。各个行业都有自己的预算标准，一般为销售收入的某个百分点。把销售收入的百分比确定为营销预算的标准，可以参照同行业的费用支出，深入了解得出的预算相对于同行业类似的预算是高还是低，这有可能成为评价预算的一个很好的标准。

（4）将预算与主要竞争对手的预算进行比较，可以帮助了解市场竞争中的压力，有助于确保企业在市场上保持一定的领先地位。

（5）制订预算模板设计营销计划预算的费用类别与时间框架。实际的预算会有很多类别，具体的计划内容会有不同的类别。

（6）复核在最终批准营销预算之前，企业会对所有部门的预算总量进行检查和平衡，以便保证营销预算的可执行性。比如，需要检查生产部门的成本预算是否与营销部门的销售量预算相适应；财务部门是否可以提供相应资源保证营销计划得以实行；营销部门提供的现金流量是否足以维持公司的营运，如果不够，财务应该采取什么样的办法筹措资金等。

（7）修改营销预算一经批准之后，除非经营环境发生了很大的变化，一般情况下不会进行修改。

（二）编制市场营销预算应注意的问题

1．资源优化组合。根据经验，市场营销人员需要确定营销计划的优先次序，相应地计算不同的营销工具实施的成本，然后比较各种活动是否能满足预先设定的预算水平，在需要完成的任务和实际能够支付的费用间找到平衡点；采取重点集中的原则，确保企业的整体盈利。

2．具有一定的弹性。营销预算作为战略服务的工具，应当允许有一定的浮动性。也就是说，给它一个上限和下限，在这个范围内可以灵活掌握，以便应对意外的环境和条件的变化。一般情况下，预算的上、下限主要考虑本企业历史预算数据，要回顾过去的营销预算是怎么制订的、呈现出什么样的趋势等，参照过去的实际费用来确定。

3．考虑其他预算。做预算还要考虑生产成本和其他期间费用（如管理费用、财务费用）等。生产成本的高低会直接影响利润和营销费用的比例。此外，企业为了规避更大的风险，必须要有一定比例的不可预见费用。主要是用来应对一些棘手的、突发的事件。通常情况下有两种提取方法：一是按总营销预算的一定比例提取；二是按战略项目风险系数高低提取。

4．围绕营销目标。预算是指对营销活动实施成本的预算，营销活动的目的通常是要达到某个营销目标，因此，营销预算要紧紧围绕企业的营销目标来制订。

（三）结论及建议

略。

 课业范例 1

表 9-3 是 2004 年某公司的产品经理采用目标利润制订法编制的年度营销预算表。

表 9-3　目标利润计划法确定市场营销预算

项目	结果
①预计市场总销售量：假设 2003 年市场总销售量为 20000t，预计近期年增长率为 10%，则预计 2004 年市场总销售量为 20000×（1+10%）=22000t	22000t
②市场占有率：假设本公司该产品的市场占有率为 25%	25%
③预计销售量（③=①×②）	5500t
④预计出厂价	7500 元/t
⑤预计 2004 年销售额（⑤=③×④）	4125 万元
⑥预计变动成本：根据以往经验，由财务部门提供产品预计变动成本	4000 元/吨
⑦预计边际毛利（⑦=（④-⑥）×③）	1925 万元
⑧预计固定成本：根据测算，由财务部门提供产品的固定成本为 500 元/t	275 万元
⑨预计毛利（⑨=⑦-⑧）	1650 万元
⑩预计目标利润：根据公司经营目标，确定 2004 年的目标利润 1000 万元	1000 万元
⑪可供营销支出的数额（⑪=⑨-⑩）	650 万元
⑫2004 年市场营销预算的分配	
媒体广告宣传	350 万元
营业推广	100 万元
营销调研	200 万元

（来源：吴宪和. 市场营销实验实训教程. 南京：东南大学出版社，2007.）

 课业范例 2

营销项目不同季度预算控制分析——以某啤酒公司 2008 年郑州市场预算控制为例

营销项目的成败很大程度上取决于预算控制及实施情况，尤其对于啤酒业更为明显。影响营销项目的因素主要有：市场占有率、客户变动率、渠道扩展率、销售增长率等。同一影响因素对不同时期的营销项目的影响程度不同，而同一营销项目在不同时期所采取的控制措施又有所差异。

本文选择某啤酒公司郑州市场 2008 年的营销项目，运用差异分析法对其进行预算控制分析。

分析步骤为：预算分析－不同季度预算控制－差异分析。

一、某啤酒公司 2008 年营销项目郑州市场预算分析

某啤酒公司 2008 年营销项目郑州市场预算分析如表 9-4 所示。

表 9-4 某啤酒公司 2008 年度销售预测表

季度＼指标	市场占有率	客户变动率	渠道扩展率	销售增长率	费用支出
一季度	—	10%	40%	15%	销量百分比+20%
二季度	—	5%	10～15%	30%	按销量百分比
三季度	—	5%	10～15%	30%	按销量百分比
四季度	—	5～10%	10～15%	5%	销量百分比-20%
一～四季度总计	60%	10～20%	40%	80%	按销量百分比

由 2008 年整体的销售预测可以看出：第一季度（1～3 月）客户变动率比较大，渠道扩展率也较高，因此，该季度费用总支出也高于其他季度。虽然销售增长率并不是很高，但由于客户变动会影响整个年度的销量，所以，本季度客户及渠道的维护应是基础；第二季度（4～6 月）和第三季度（7～9 月）均为啤酒销售旺季，在这两个季度，客户变动率及渠道扩展率均比较低，客户维护和渠道建设比较稳定，销售增长较快，本季度提升销量和市场占有率应是关键；第四季度（10～12 月）进入啤酒销售的淡季，客户和渠道出现一些变动，销量增长为全年最低，因此，销售队伍整合、客户及渠道的维护调整应是基础。

二、某啤酒公司 2008 年营销项目郑州市场不同季度预算控制

选取该公司 2008 年第一季度的预算控制进行分析。该季度一般为啤酒行业的铺货阶段，即旺季前的准备阶段。在该阶段，销售方面的主要工作为宣传、铺货、调整渠道和客户，为即将到来的销售旺季打好基础。该阶段营销项目的预算控制是以预测的年销量为基础，围绕预测销量对该阶段的费用进行控制，达到费用最小化而收益最大化的目的。因此该阶段主要侧重于宣传和调整客户和渠道方面的费用控制，见表 9-5。

表 9-5 2008 年第一季度费用预算（万元）

顾客变动成本	渠道扩展成本	促销成本	管理成本	物流成本	总费用
14	6	4	2	30	54

可以看出，第一季度主要费用以物流成本为主，其次为客户变动成本，而管理成本最小，因此本季度费用的控制主要以物流、客户及渠道维护为主。具体控制如下：

（1）对物流运输进行科学管理，减少库位转移，精简装卸环节的费用支出；

（2）尽量减少客户变动，维护原有客户，增加客户忠诚度，努力实现大客户制；

（3）在努力维护原有渠道畅通的基础上，减少渠道的中间环节，增加直销渠道，减少渠道中间的费用流失；

（4）协调物流、客户、渠道三方面的关系，避免由于渠道冲突而带来的物流成本（即客户变动成本增加）。

三、结论及建议

通过某啤酒公司 2008 年郑州市场预算控制分析，结论及建议如下：

第一，企业在进行营销项目预算时，应根据市场情况的变化适时调整预算支出，以保证预算费用的合理化。

第二，同一市场的营销项目，由于不同的季度具体市场影响因素不同，而表现为不同的预算控制模式，因此，每个季度相应的控制措施也不同。

第三，不同季度预算差异比较主要用于受季节性变化影响比较大的产品（如啤酒等），因此，在实际应用中要充分考虑产品的销售特征。

 课业评价

"市场营销预算设计与分析"的评估标准及评估分值见表 9-6。

表 9-6 "市场营销预算设计与分析"评估标准和评估分值

评估项目 \ 评估标准	课业是否基本完成 评估分值 60 分	课业是否达到要求 评估分值 40 分	考评成绩 Σ100
课业 21： "市场营销预算"设计与分析 Σ100	基本完成，得 60 分 没有基本完成，酌情扣分	1. 设计规范、清晰（10） 2. 费用项目完整（10） 3. 能够充分考虑企业自身支付能力和赢利能力（5） 4. 能够编制出一个合理、可行的营销预算。（15） Σ40，没有达到，酌情扣分	

课业 22 市场营销方案效果评估

 课业目标

通过本课业训练，掌握市场营销产品市场占有率分析、产品市场竞争力分析、盈利能力分析的基本方法和意义，明确市场营销方案评估的作用。掌握衡量营销方案效果的方法和效果评估的指标体系，并能初步运用该理论与方法对具体的营销方案做出评价，对评价结果进行初步分析。

 理论指导

（一）市场营销方案效果评估的作用

市场营销方案效果评估可根据顾客态度跟踪评价，了解顾客的满意度；通过对某产品市场占有率的分析，把握产品在同行业中所占的位置；衡量各个指标，对产品的竞争力进行分析；用投资与收益的比较，判断该营销方案带来的盈利能力如何；通过对广告效果的分析来估量广告在公众中的知晓度、认识和偏爱方面的情况及效果。

（二）市场营销方案效果评估的内容

1．顾客态度跟踪评价

为了能较快地发现市场销售可能发生的变化，一些具有远见和高度警惕性的企业建立了有关跟踪顾客、中间商及与市场营销有关人员态度的系统。这个系统包括以下内容：

（1）顾客意见和建议系统。这个系统主要用来记录、分析和答复客户的信函及不满。

（2）典型客户小组。与某些顾客确定调查关系，由确定的顾客定期向企业提出意见，由于这些顾客是自愿参加，所以反映的意见较系统、全面，具有典型性。

（3）定期的客户意见调查。这是一种通过随机抽样了解顾客对企业服务质量满意程度的调查。调查结果通常要按一定程序送交有关部门及上级主管人员，从而促使整个企业改进工作。

2．市场占有率分析

（1）市场占有率的概念

市场占有率是企业经营的重要指标，某产品的市场占有率就是指在行政区划内，某一报告期该品牌的产品所占的市场份额。市场占有率可以反映出企业的经营业绩和市场中的地位。包括绝对市场占有率和相对市场占有率。

（2）市场占有率分析的方法

①专家意见法：组织专家小组，以他们的知识经验对将要发生的结果进行预测，是一种定性研究方法。

②影响因素分析法：是对顾客渗透率、顾客忠诚度、顾客选择性以及价格选择性四个因素进行分析。

③外推法：是依据历史数据的变化规律来对未来市场状况进行预测的方法。

④调查法：是通过市场调查，在掌握消费者购买意向等市场信息的基础上加以分析和推断的方法。

⑤马尔可夫模型法：是利用状态转移概率来研究某一事件在预测时期发生的可能程度的一种预测方法。

3．产品竞争力分析

（1）产品竞争力的概念

产品竞争力是企业产品通过市场经营活动表现出来的，竞争力的持续性依赖于企业的各种要素资源及管理组织，同时又是与竞争对手比较的结果。因此，通过设定若干指标，可以对企业竞争力进行分析、比较和评价。

（2）产品竞争力评价指标

根据企业竞争力的构成、表现及持续性的支撑基础，可以从产品组合、新产品开发速度、售后服务点密度、售后服务保障等方面进行分析。也可以从设定的具体指标进行全方位的分析与评价。

（3）产品竞争力分析方法

波士顿矩阵：波士顿咨询公司发明的用于对产品业务组合的分类矩阵被许多企业广泛地运用，用于评价产品的组合。"波士顿矩阵"将产品分为：明星产品、金牛产品、问题产品、瘦狗产品，然后根据不同的产品类别制定不同的经营策略。

4. 盈利能力分析

盈利是投资与收益的比较，收益分析为市场营销人员提供营销计划或计划中具体营销工具使用的投资收益状况。盈利能力分析方法有：固定成本贡献收益分析法、净销售利润法。

课业任务

要求学生能够将市场营销方案评估理论运用于营销实践，确定一定的产品、特定的市场范围，对营销活动中的效果进行评估分析，从而为经营者提供决策依据。运用波士顿矩阵法对企业产品的竞争力进行分析。

（一）工作任务 1：顾客态度跟踪评价的评估分析，从而了解顾客对超市的满意程度，做出评价

（1）选择学校附近某超市作为评估对象。

（2）选择一定群体作为调查对象。

（3）建立顾客意见和建议系统。这个系统主要用来记录、分析和答复客户的信函及不满。

（4）典型客户小组。与某些顾客确定调查关系，由确定的顾客定期向企业提出意见，由于这些顾客是自愿参加，所以反映的意见较系统、全面，具有典型性。

（5）以超市某时段某产品为例，在特定区域内统计出顾客对该商品的重复购买率、向人推荐的次数，了解顾客对超市价格的承受能力和对企业服务质量的满意程度。

（二）工作任务 2：用波士顿矩阵法对企业产品竞争力进行分析

以市场占有率和市场增长率的变化，确定企业产品组合中产品的类别。判断其属于明星产品、金牛产品、问题产品还是瘦狗产品，从而对企业产品的竞争能力进行分析。

（1）确定某企业的产品作为分析对象。

（2）计算、确定企业各种产品的销售增长率和市场占有率。

（3）绘制四象限图。

（4）根据四个象限的产品类别做出战略对策。

操作指导

（一）顾客满意度评估设计

顾客满意度取决于对产品价格的承受能力、重复购买的频率、向人推荐的意愿。通过设立意见簿、跟踪调查听取顾客的意见，了解顾客对自己的产品和服务的满意度。

（1）选择顾客满意度测评评估对象。

（2）选择一定顾客作为调查对象。

（3）建立顾客意见和建议系统，收集第一手资料。

（4）得出评价对象关于"满意度"的结论。

（二）运用波士顿矩阵法进行产品竞争力评估分析

（1）确定某企业的产品作为分析对象。

（2）确定企业各种产品的销售增长率和市场占有率。时间可以是 1 年或 3 年，甚至更长时间。可以是绝对市场占有率，也可以是相对市场占有率。

（3）绘制四象限图。以 10%的销售增长率和 20%的市场占有率为高低标准分界线，按企业全部产品销售增长率和市场占有率的大小，在坐标图上标出相应位置，将产品分为

四种类型。

(4) 划分出各象限产品（即明星产品、金牛产品、问题产品、瘦狗产品）的定义及战略对策。

 **课业范例**

2011年××公司顾客满意度调查报告

一、调查目的

为了加强与顾客的沟通、了解我司是否能满足客户的需要，对客户满意度进行信息调查回馈，以解决顾客遇到的问题，努力满足顾客的需要，并在此基础上持续改进，从而提升客户对公司的满意度，完善公司的整体形象。

二、调查方法

此次调查采用问卷法，通过公司客服，直接以邮件方式向客户发放问卷，客户填好问卷后由市场部统一收回。

三、问卷调查结果

此问卷共涉及 5 个方面的内容，即服务项目、服务整体评价、作业流程、服务价格、需求反应速度，问卷基本上包括了公司服务的过程以及客户所关心的焦点问题。此次问卷调查共发出 104 份，收回 76 份，回收率 73%。

（一）关于对本公司员工服务的整体评价

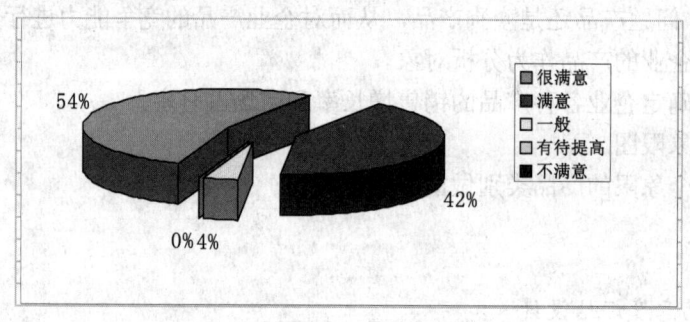

图9-1 关于对本公司服务的整体评价

整体评价很满意的有 41 份，比率 54%；满意的 32 份，比率 42%；一般的 3 份，比率 4%。其中认为客服沟通能力、服务质量欠佳的有 7 份（包括旻新、圣禹、增你强 SZ、安凯、AVC-梅小琴、方扬杰、联盈首锐），比率 9.2%；仓库人员送货时效和服务态度欠佳的有 4 份（增你强 SZ、联盈首锐、亿威尔、和鑫），比率为 5.3%。

（二）关于对本公司的作业流程是否满意的调查

作业流程很满意的 24 份，比率为 32%；满意的 48 份，比率为 63%；一般的为 1 份，比率为 1%；有待提高的有 3 份，比率为 4%；

其中认为通关时效欠佳的有 8 份，比率为 11%；认为派送不及时的有 7 份，比率为 9%；认为发票不及时的有 3 份，比率为 4%；认为账单内容不完善的有 1 份，比率为 1%。

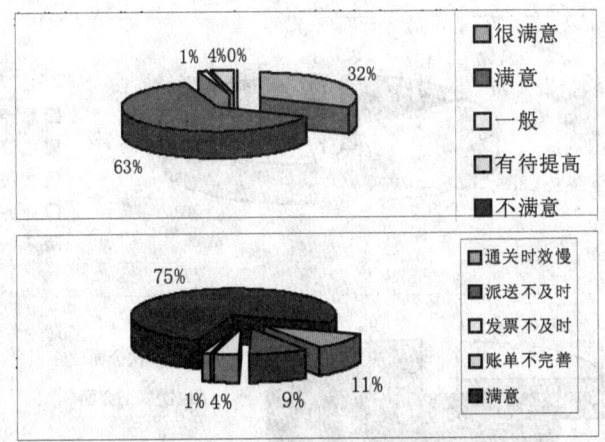

图 9-2 关于对本公司作业流程的满意程度

（三）对本公司收取的费用的评价

认为收费合理的有 60 份，比率为 79%；认为太高的有 10 份，比率为 13%；3 份未填的，比率为 4%；无所谓的有 3 份，比率为 4%。

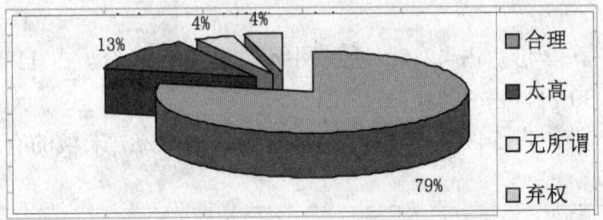

图 9-3 关于对本公司收取费用的评价

（四）对本公司处理顾客提出的问题、需求的响应时间的评价

需求响时时间认为非常及时的有 30 份，占 39.5%；认为及时的有 41 份，占 53%；认为不够及时的有 5 份，占 7%。

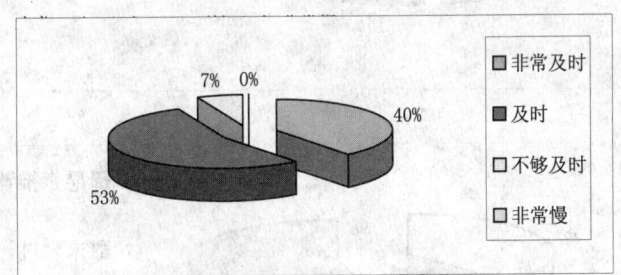

图 9-4 对本公司处理顾客提出的问题、需求的响应时间的评价

（五）希望本公司哪些人员来进行不定期拜访，认为一年中有几次会面比较合适

希望跟主管见面的有 17 份，占 22%；希望跟业务见面的有 27 份，36%；希望跟客服见面的有 20 份，占 26%；希望跟总经理会面的有 2 份，占 3%。

认为 1~3 次会面的有 50 份，占 66%；不要求会面的有 7 份，占 9%；4 次以上会面的，占 25%。

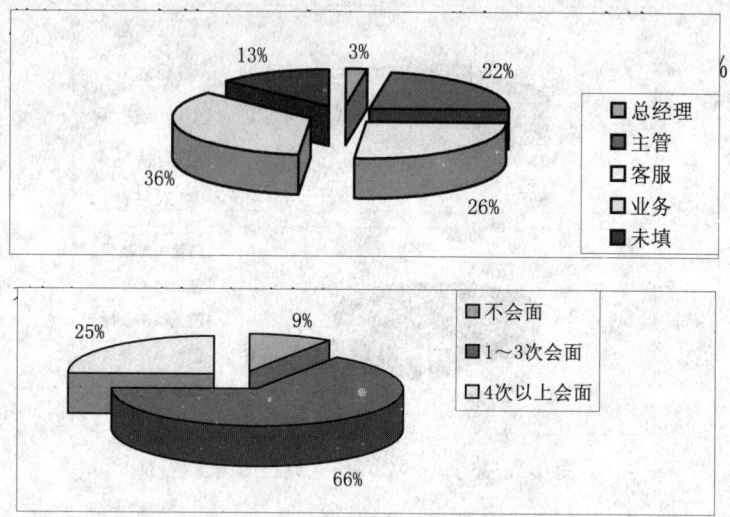

图 9-5　拜访顾客的人员及拜访次数调查

（六）关于顾客从何种渠道了解到本公司和是否愿意向朋友或合作伙伴推荐本公司的调查

通过朋友推荐的有 32 份，占 42%；通过网络渠道的有 8 份，占 11%；通过电话营销的有 6 份，8%；未填的有 30 份，占 39%；

愿意推荐的有 41 份，占 54%；未想过的有 6 份，占 8%；未填的有 29 份，占 38%。

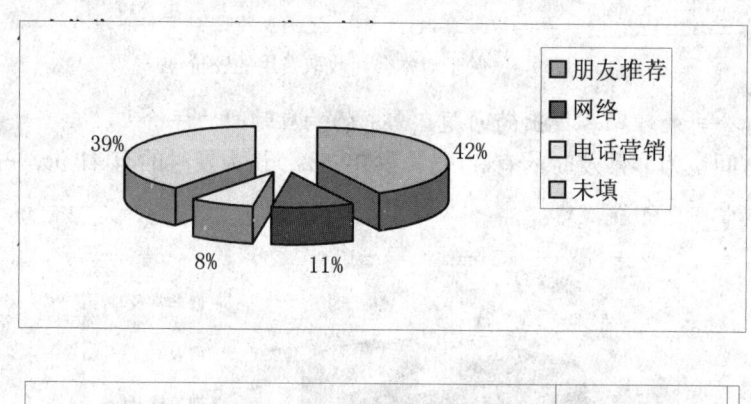

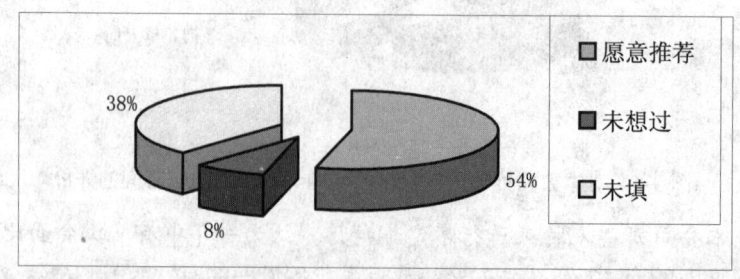

图 9-6　关于顾客从何种渠道了解到本公司和是否愿意向朋友或合作伙伴推荐本公司的调查

四、问题反馈汇总

表 9-7　顾客问题反馈汇总表

客户	问题	建议
联***	未事先告知有的产品有关税；费用收取计算方式不清楚；税票认证时效慢；回复 7 月份海关发票认证结果	有额外费用产生时，希望 CS 主动提醒客户，对于产生的费用一定要告知是如何产生的，不能回答不清楚，希望服务费能降到 0.5%，深圳市运输免费
安**	公司更换客服频繁，而更换后需要一段时间才能与其工作连接上，希望人员不要经常更换	希望价格上能有所优惠
增*****		提高通关时效，完善内地运输的不足
增*****		希望能提高派送效率
明*	我们提供直发服务，出现发错货给客户的情况	建议能提供拆箱服务；购汇时间能否增加一天两次
AV	主要问题还是运输派送问题上	希望派送能有所改善，客服处理异常的能力有待提高
minxin	认为我们的服务一般，收费太高，公司的作业流程有待提高	
晶**		建议参照英捷讯能取消最低收费
升**	仓储配送上不够仔细	希望香港仓储方面能够更加认真和仔细
美**		希望延长付款时间
亿***	仓库人员送货时效和服务态度欠佳	希望能取消最低收费
龙**	客服与物流之间的沟通不到位	希望加强服务意识
大*		希望能提供有偿垫资报关服务；简化操作流程，报关及送货等可考虑短信告知相应客户
银**		希望周六客服和仓库人员都能上班
新*	仓库有几次送货送错地址，请客服与仓库做好沟通工作	希望他们的客户打款到我公司后，客服能及时通知到位，以便对账返款
高*		提供资料的时间会比较紧张，希望资料提供时间能延缓
苏**	仓库处理进出库货物时效比较慢	希望加强出入库的时效
锐*	反应我公司香港清关费用较高；咨询是否能自行清关，有何手续	此问题请予以回复
三*		希望降低服务费率
德*		希望降低服务费率
尚*		希望降低仓储费用

五、调查问卷分析

　　由表 9-7 可以看出，调查中的绝大部分客户对于我公司的整体服务和流程还是满意的；大约 5% 的客户对于我们公司的整体服务和作业流程不太满意。主要反馈的问题集中在客服沟通、仓库配送时效、通关时效和价格方面，客户给我们提了一些意见和建议，这些都具有很好的参考价值。

（一）整体服务的评价分析

这方面的问题主要集中在客服沟通能力方面，我们应该加强与客户的沟通，以便更好地了解客户的意图与要求，并不断完善服务，增强其满意度。

（二）作业流程的评价分析

作业流程主要集中在通关时效和仓储派送方面，是客户非常关心的问题，虽然有时存在不可控因素，但我们还应该多从主观努力，尽量减少延误现象，做到准时、高效。近期我们也在申请AA资质，希望同事们再接再厉，努力将其拿下，这样一来我们便能在通关和派送方面取得双赢。

（三）价格评价分析

产品价格是一个非常敏感的问题。在调查表中，产品价格问题的设置是这样的："您对本公司收取费用的评价？"，答案分为3类，即"合理、太高、无所谓"。79%的客户认为我们的价格是比较合理的，只有13%的客户认为价格偏高，4%的客户认为无所谓，4%的客户弃权。由此可以看出，我们的价格在同行业来讲还是比较有竞争力的。有客户提出取消最低收费的问题，公司可以做个参考。在客户心中或多或少都有个价格底线，如果能预先了解客户的心理价格，将会对我公司价格的制定起到一定的参考作用。当然，客户的心理价格也不是一成不变的，也是随着市场的变化而起伏的，这就要求我们要加强与客户的沟通交流，及时把握客户心理，同时还要密切关注市场变化，及时作出调整。

（四）客户需求响应时间

大部分客户认为我们的需求响应是及时的，只有7%的客户认为不够及时，虽然占的比例不算大，但也不能疏忽，说明我们的工作还有不够细致、周到的地方，各部门相关人员特别是客服人员在接到客户需求时，应当把客户放在第一位，要让客户产生我们对大小客户均一视同仁的态度，让客人产生心理上的满足，如果确实有客观因素，也要给出具体回复时间，及时处理。

（五）客户要求我公司人员不定期随访分析

不定期随访做为一种沟通方式直接影响到客户的忠诚度和满意度，约70%的客户希望与我们的总经理、主管、业务、客服进行面对面交流，一年中会面1～3次的比率占66%。俗话说"见面三分熟"，适时的面谈有利于客户更畅通地表达自己的诉求和建议，有利于加深双方的情感交流，以便更好地留住现有客户。

（六）客户了解我公司的渠道分析

客户通过朋友介绍了解我公司的比率占42%，通过网络渠道的占39%，通过电话营销的占8%，由此数据可以看出，我们公司电话营销方面较弱，可以加强电话营销方面的力度。从另一个方面来看，通过朋友介绍的比率较高，说明我们公司的整体服务是不错的，从而带动客户身边有需求的朋友应声而来。

纵观这76份问卷，绝大多数客户对我公司的服务项目和服务还是满意的，当然也存在许多需要继续改进的方面，这需要我们进一步的努力。我们应该在以下几个方面多下功夫：通关时效、派送时效、客户沟通能力方面。此次调查时间紧张，问题设计不够具体，力争在下次调查中能细化调查项目，更好地设计调查题目，这样才能通过满意度调查来全面了解公司的不足，以获得公司的持续改进。

（资料来源：秩名. http://wenku.baidu.com.2013-04-03.）

 课业评价

"市场营销方案效果评估"课业的评估标准及评估分值见表 9-8。

表 9-8 "市场营销方案效果评估"课业的评价标准及评价分值

评估项目 \ 评估标准	课业是否基本完成 评估分值 60 分	课业是否达到要求 评估分值 40 分	考评成绩 ∑100
课业 22："产品竞争力"设计与分析 ∑100	基本完成，得 60 分 没有基本完成，酌情扣分	1. 评价步骤完整（10） 2. 数据收集完整（10） 3. 评价公式运用正确（5） 4. 能够正确分析，论证结果（15） ∑40，没有达到，酌情扣分	

参考文献

[1] 王妙，冯伟国．市场营销学实训．上海：复旦大学出版社，2007．
[2] 吴宪和，任毅沁．市场营销实验实训教程．南京：东南大学出版社，2007．
[3] 彭于寿．市场营销案例分析教程．北京：北京大学出版社，2007．
[4] 兰炜．市场营销理论与实务实训．北京：首都经济贸易大学出版社，2010．
[5] 唐德才．现代市场营销学教程．北京：清华大学出版社，2009．
[6] 黄彪虎．市场营销原理与操作．北京：北京交通大学出版社，2008．
[7] 吴健安．市场营销学（第三版）．北京：高等教育出版社，2007．
[8] 符莎莉．市场营销实务－项目导向教程．北京：电子工业出版社，2010．
[9] 高凤荣．市场营销基础与实务．北京：机械工业出版社，2007．
[10] 邬庆莲．市场营销基本理论与实务．天津：天津教育出版社，2010．
[11] 兰炜．市场营销理论与实务．北京：首都经济贸易大学出版社，2010．
[12] （美）菲利普·科特勒．营销管理（11 版）．梅汝和等译．上海：上海人民出版社，2005．
[13] （美）迈克尔·波特．竞争优势．陈小悦译．北京：华夏出版社，2001．
[14] （美）威廉姆 G·齐克芒德．有效的市场营销．桑蕾译．北京：机械工业出版社，2003．
[15] 柏唯良．细节营销．北京：机械工业出版社，2009．
[16] 乜堪雄，曾德国．营销策划理论与实务．成都：四川美术出版社，2004．
[17] 于建原．营销管理．第 2 版．成都：西南财经大学出版社，2003．
[18] 符国群．消费者行为学．武汉：武汉大学出版社，2000．
[19] 江涛．组织市场营销．北京：清华大学出版社，2005．
[20] 江林．消费者行为学．北京：首都经济贸易大学出版社．2002．
[21] 智汇工作室．渠道为王．成都：四川科学技术出版社．2003．
[22] 吴世经，曾国安．市场营销学．第 3 版．成都：西南财经大学出版社，2005．
[23] 甘碧群．市场营销学．武汉：武汉大学出版社，2005．
[24] （美）菲利普·科特勒．市场营销导论．北京：华夏出版社，2001．
[25] 王海斌．市场营销管理．武汉：武汉大学出版社，2002．
[26] 纪宝成．市场营销学教程．北京：中国人民大学出版社，2003．
[27] 肖怡．市场定位策略．北京：企业管理出版社，1999．
[28] 销售与市场．销售与市场杂志社，2006，2007，2008．
[29] 现代营销．现代营销杂志社，2007，2008．
[30] 新营销．新营销杂志社，2007，2008．
[31] 市场营销案例．今日财富杂志社，2007，2008．
[32] 中国市场营销网．http://www.ecm.com.cn/index.asp．
[33] 中国营销传播网．http://www.emkt.com.cn/．
[34] 世界经理人网站．http://marketing.icxo.com/．
[35] 世界经理人文摘．http://cec.asiansources.com/．
[36] 销售与市场（网络版）．http://www.cmmo.com.cn/．
[37] 中国经营报．http://www.cb.com.cn/．
[38] 我爱营销网．http://www.52mkt.com/．
[39] E 营销．http://www.eyingxiao.com/．
[40] 有效营销-营销资料传播网：http://www.em-cn.com/．

中国水利水电出版社
www.waterpub.com.cn

出版精品教材　服务高校师生

以普通高等教育"十一五"国家级规划教材为龙头带动精品教材建设

21世纪 高等院校规划教材

适应高等教育的跨越式发展　　符合应用型人才的培养要求

本套丛书是由一批具备较高的学术水平、丰富的教学经验、较强的工程实践能力的学术带头人和主要从事该课程教学的骨干教师在分析研究了应用型人才与研究人才在培养目标、课程体系和内容编排上的区别，精心策划出来的。丛书共分3个层面，百余种。

程序设计类课程层面　　　　**专业基础类课程层面**　　　　**专业技术类应用层面**

强调程序设计方法和思路，引入典型程序设计案例；注重程序设计实践环节，培养程序设计项目开发技能

注重学科体系的完整性，兼顾考研学生需要；强调理论与实践相结合，注重培养专业技能

强调理论与实践相结合，注重专业技术技能的培养；引入典型工程案例，提高工程实用技术的能力

21世纪 高等学校精品教材

面对"知识—能力—素质"的要求　　应对"基础—技术—应用"的特点

"多媒体技术及数字图像处理系列"在知识结构方面力求覆盖计算机多媒体技术、多媒体软件开发技术、数字图像处理技术和动画处理技术四个领域，内容强调概念性基础、技术与方法基础、应用技能三个层次。

高等院校"十一五"规划教材

丛书特点：
- 注重知识的基础性、系统性与全局性，兼顾前瞻性与引导性。
- 语言精练，应用案例丰富，讲解内容深入浅出。
- 体系完整，内容充实，注重应用性与实践性。
- 讲求实用，培养技能，提高素质，拓展视野。

中国水利水电出版社
www.waterpub.com.cn

出版精品教材　服务高校师生

以普通高等教育"十一五"国家级规划教材为龙头带动精品教材建设

21世纪 高职高专创新精品规划教材

引进高新技术，复合技术，培养创新精神和能力。教学资源丰富，满足教学一线的需求。

"教、学、做"一体化，强化能力培养　　"工学结合"原则，提高社会实践能力

"案例教学"方法，增强可读性和可操作性

21世纪 高职高专规划教材

21世纪 高职高专新概念教材

　　本套教材已出版百余种，发行量均达万册以上，深受广大师生和读者好评，近期根据作者自身教学体会以及各学校的使用建议，大部分教材推出第二版对全书内容进行了重新审核与更新，使其更能跟上计算机科学的发展，跟上高职高专教学改革的要求。